CHUANGYU Football

创育足球

丁镇◎主编

好玩的世界杯

上

中国工人出版社

图书在版编目（CIP）数据

创育足球：好玩的世界杯 / 丁镇主编. —北京：中国工人出版社，2018.6

ISBN 978-7-5008-7026-5

Ⅰ. ①创… Ⅱ. ①丁… Ⅲ. ①足球运动—世界杯—运动服—介绍 ②足球运动—世界杯—介绍 Ⅳ. ①G843.54 ②G843.732

中国版本图书馆CIP数据核字（2018）第128874号

创育足球：好玩的世界杯

出 版 人	芮宗金
责任编辑	罗荣波
责任校对	孙逦伟
责任印制	栾征宇
出版发行	中国工人出版社
地 址	北京市东城区鼓楼外大街45号 邮编：100120
网 址	http://www.wp-china.com
电 话	（010）62005043（总编室） （010）62005039（出版物流部） （010）82075935（工会与劳动关系分社）
发行热线	（010）62033018 （010）82081553（传真）
经 销	各地书店
印 刷	北京美图印务有限公司
开 本	880毫米×1230毫米 1/16
印 张	14.75
字 数	110千字
版 次	2018年7月第1版 2018年7月第1次印刷
定 价	65.00元

足球就这样从娃娃抓起

乐播足球　董路

2018 年俄罗斯世界杯已经开幕，全世界的球迷开始了四年一度的快乐时光。但在欣赏世界杯 32 强国家和地区高水平比赛的同时，中国球迷的心中却是隐隐的痛——中国足球又一次被挡在决赛圈外。

30 多年前，邓小平提出足球要从娃娃抓起，这是极具战略眼光的。目前，校园足球呈现出可喜的发展势头，场面越来越热闹。然而，我们仍然要面对这样的现实——足球教育如何从娃娃抓起？毕竟，足球不仅是一种竞技，更是一种教育，一种文化。中国足球最缺的不是钱，而是足球文化和足球教育。

在这样的背景下，《创育足球——好玩的世界杯》的出版越显重要，有助于足球文化和足球教育的普及。它以原创专利发明——纸模服装为基础，以培养孩子们创新、创意、创业能力为宗旨，结合俄罗斯世界杯 32 强国家和地区的历史、文化、艺术、风景名胜等内容，从了解 32 强队服纸模服装入手，最终设计自己喜爱的球迷服装，还可以与 3D 打印笔结合，设计 3D 打印球迷服装。在这里，孩子们不仅能够了解 32 强国家和地区的足球发展历史，还能够了解自己心目中的偶像是如何成长的，有趣又励志。

近年来，我和我的团队一直致力于少儿足球的推广，希望让足球成为一种教育，教育孩子积极、健康、认真、勇敢、团结，教育孩子宽容、友善、无私、互助、有责任心，让孩子们在足球的陪伴下，永远都去追求做那个“最好的自己”！

我们创办了中国足球小将赛事，采取线上与线下互动，全程直播，集竞技、文化、教育、生活等诸多元素，把足球、教育和解放孩子天性进行有机结合，传递的就是足球文化和教育，最终要体现的是一种生活态度和生活方式。

踢足球分三个层级，第一个层级用脚踢，第二个层级用脑踢，第三个层级用心踢。《创育足球——好玩的世界杯》让孩子们动手、动脑；开眼、走心，一定能得到各位小球员和广大球迷的喜爱。

让我们一起来实践“足球从娃娃抓起”！让我们一起来关注足球教育与足球文化！让我们一起来玩《创育足球——好玩的世界杯》！

借用 1899 年成立的意大利 AC 米兰俱乐部荣誉室里的一句话作为结尾：

This is football, a matter of the heart , yours, ours.

让校园足球生活化

江苏科技大学　詹国祥

校园足球文化是与校园足球相关的物质、精神、制度和行为文化的综合体。

校园足球生活是学校教育功能完善的重要指向,行为文化的规范是校园足球生活的保障,在规范的层面上形成一种文化方向，学生的价值观取向也是校园足球生活的建设核心。

足球是体育项目的一种，体育是教育手段的一种。体育和教育都是以“文化”为基础,校园足球和体育教育相结合，形成了校园足球的文化内涵，也可以说是校园足球生活的本质属性。“动”就是生活，动脚、动手又动脑。

校园足球生活化将在校园体现，学校有场地、有器材，又有老师教，教育功能是培养“人”,大写的“人”承载着生活的全部，丰富于人生是教育工作者一生的追求，而足球生活化是喜欢足球、爱好足球的人的追求。

曾几何时，校园内“XX杯”足球比赛轰轰烈烈地开展，但具有强烈的功利色彩，来也匆匆，去也匆匆。而校园足球生活化体现的是回归教育的本质，提升校园学习、活动、生活质量。

现在，学校校园足球又升起一道风景线，校园足球生活开启了“每天锻炼一小时，健康工作五十年，幸福生活一辈子”的模式。

小学校园足球生活是小学生身体健康的保证，身体素质增强的同时又能尽情发挥童趣。

中学校园足球的开展，学生能展现自我，体验合作的愉悦，散发出青春的热情，是精力无限的出口。

大学校园足球生活化延续着并充分展现个体能力,也延续着人的情感的纽带。多少年之后,他们依然延续着对足球的偏爱，三对三、五对五、七对七，一场场校园足球比赛，大汗挥洒中应验着每届毕业生的心声。

丁镇老师开启了一种全新的创育模式，又借俄罗斯世界杯足球比赛之风出版《创育足球——好玩的世界杯》，以专利发明的纸模服装结合高科技含量的3D打印技术，让校园足球真正融入生活中，实现了校园足球教育的模式推广创新，既有利于学生普及足球知识和世界怀知识，又利于培养学生的立体思维和动手能力，增强生学的创新能力。

祝丁镇老师能够探索出一条校园足球教育的新路。

目录

欧洲区

南美区

中北美及加勒比地区

亚洲区

非洲区

欧洲区

A组 俄罗斯

俄罗斯国旗

俄罗斯国徽

一、说一说

1. 国旗：俄罗斯国旗由上到下依次是白、蓝、红三色。白色代表寒带一年四季的白雪茫茫；蓝色代表亚寒带，象征俄罗斯丰富的地下矿藏和森林、水力等自然资源；红色是温带的标志，象征俄罗斯悠久的历史文化和对人类文明的贡献。

2. 国徽：俄罗斯国徽为盾徽，红色盾面上有一只金色的双头鹰，鹰头上是彼得大帝的三顶皇冠，鹰爪抓着象征皇权的权杖和金球。鹰胸前是一个小盾形，上面是一名骑士和一匹白马。

3. 知识点：俄罗斯文学源远流长，出现了托尔斯泰、普希金、契诃夫、屠格涅夫、莱蒙托夫、果戈理、别林斯基、陀思妥耶夫斯基、高尔基、肖洛霍夫等世界闻名的大文豪和作家，著名作品有《战争与和平》《变色龙》《父与子》《钦差大臣》《海燕》等。

4. 首都和语言：俄罗斯首都是莫斯科，官方语言为俄语。

二、看一看

克里姆林宫：位于莫斯科市中心，曾为莫斯科公国和 18 世纪以前的沙皇皇宫，始建于 1156 年。克里姆林宫是俄罗斯国家的象征，享有“世界第八奇景”的美誉。

三、想一想

你知道人类历史上第一个进入太空的人是谁吗？

四、创一创

俄罗斯方块是最为经典的游戏之一，它是由俄罗斯人阿列克谢·帕基特诺夫于 1984 年 6 月发明的休闲游戏。俄罗斯方块拥有 9 项吉尼斯世界纪录，包括通过手机下载次数最多的游戏、被移植次数最多的游戏等。

俄罗斯足球

五、做一做

足球及球衣

1. 国家队：俄罗斯国家队被称为“北极熊”。作为欧洲知名的劲旅，是第一支夺得欧洲杯冠军的国家队，此外，还3次获得欧洲杯亚军，1956年和1988年两次夺得奥运会金牌。2018年，作为世界杯东道主参赛，俄罗斯国家队势必要在家门口更有作为。俄罗斯国家队在2018年足球国家队世界排名：第66名。

2. 球星：安德烈·阿尔沙文，1981年5月29日出生于俄罗斯圣彼得堡，7岁开始踢足球，在踢足球之前热衷于跳棋，并想成为职业棋手。他曾在圣彼得堡的一所服装设计院校读大学，最后因为足球放弃了学业。在2008年欧洲杯中，27岁的阿尔沙文一战成名。2009年2月，其加盟英超阿森纳俱乐部。2009年，“沙皇”曾在安菲尔德球场上演“大四喜”，以一人之力帮助阿森纳逼平利物浦。那一场比赛中阿尔沙文打进4球，而他全场仅射门4次。

3. 联赛：俄罗斯足球超级联赛是俄罗斯足球协会组织的职业足球联赛。它是1991年苏联解体之后成立的顶级足球联赛，主要由俄罗斯境内的球会组成。由于气候原因，俄超的比赛不像其他欧洲主要联赛那样跨年度举行，而是在同年内的3月至11月举行，现有参赛球队16支。

4. 球衣：作为东道主，俄罗斯队的主场球衣绝对亮眼。它的创作灵感来自1988年奥运会苏联队夺冠时所着战袍。球衣衣领上印有俄罗斯国旗、俄罗斯双头鹰以及“ВместеКПобеде”的字样，意思是“团结胜利”。

俄罗斯国家队球衣纸模

六、秀一秀

我设计的俄罗斯球迷服装

F组 # 德国

德国国旗

德国国徽

一、说一说

1. 国旗：德国国旗由黑、红、金三色组成，黑色代表勤勉与力量，红色象征国民的热情，金色则代表重视荣誉。

2. 国徽：金黄色的盾徽，盾面上绘有一只红爪红嘴、双翼展开的老鹰，称为“联邦之鹰”，黑鹰象征着力量和勇气。

3. 知识点：德国音乐家众多，最有名的是“三B”：巴赫、贝多芬、勃拉姆斯，其他的著名音乐家还有门德尔松、舒曼、瓦格纳、理查·施特劳斯等，代表作有《受难曲》《b小调弥撒曲》《英雄》《命运》《D大调小提琴协奏曲》《匈牙利舞曲第五号》《仲夏夜之梦序曲》等。

4. 首都和语言：德国首都为柏林，官方语言是德语。

二、看一看

新天鹅堡——德国最受欢迎的旅游景点之一，它位于德国巴伐利亚西南方，建于1869年，是巴伐利亚国王路德维希二世的行宫之一。《宠物小精灵电影版：梦幻与波导的勇者》就是以新天鹅堡为场景蓝本的。

三、想一想

自诺贝尔奖设立以来，德国人(含移民美国、加拿大等国的德裔)获得诺贝尔奖的人数占全部获奖人数的近一半。你认为是什么原因?

四、创一创

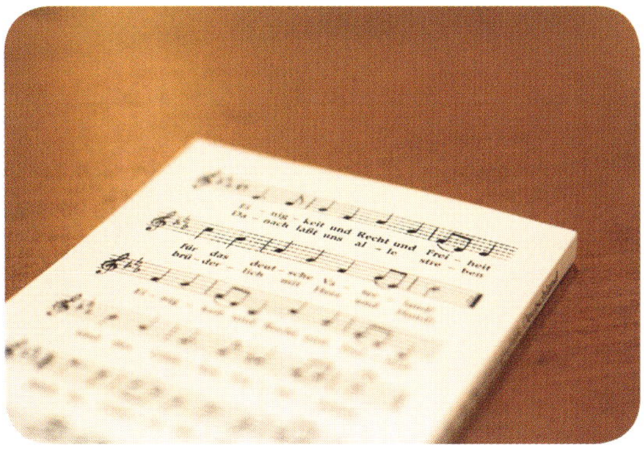

你知道汽车是谁发明的吗?
世界上第一辆汽车是由德国人卡尔·本茨发明的，他于1886年1月29日申请了汽车发明专利，因此，这一天被公认为是世界汽车的诞生日。

德国足球

五、做一做

足球及球衣

1. 国家队：德国队被称为“日耳曼战车”，曾获得 4 次世界杯冠军 、3 次欧洲杯冠军 、1 次奥运会冠军、1 次联合会杯冠军，在世界杯和欧洲杯国际大赛总进球数均为历史第一，其在 2018 年足球国家队世界排名：第 1 名。

2. 球星：1945 年 9 月 1 日，贝肯鲍尔出生于德国慕尼黑的一个工薪阶层家庭。6 岁进了拜仁慕尼黑足球俱乐部少年队，开始足球生涯。1954 年德国首次夺得世界杯冠军，在 9 岁的贝肯鲍尔心中埋下了世界杯冠军梦。1974 年，作为队长，贝肯鲍尔以优雅潇洒的球技带领西德队在世界杯上夺冠，并且个人连续 3 次入选世界杯最佳阵容，成为世界杯历史上的第一人。1990 年，作为主教练，贝肯鲍尔带领德国队再度捧起“大力神杯”。2004 年，贝肯鲍尔获得了国际足联 “FIFA 世纪最佳球员和足球名人大奖”。

3. 联赛：德国足球甲级联赛简称“德甲”，是全球平均上座率最高的足球联赛之一。拜仁慕尼黑是德甲最为成功的球队，共获得 26 次德甲冠军。

4. 球衣：作为 2014 年世界杯冠军，德国队全新 2018 年主场球衣灵感源于在 1990 年世界杯夺冠所穿的经典战袍，球员们承载着昔日的荣耀，为实现卫冕梦想全力以赴。

德国国家队球衣纸模

六、秀一秀

我设计的德国球迷服装

G组 英格兰

英格兰旗帜

英格兰徽章

一、说一说

1. 旗帜：英格兰旗帜，即圣乔治十字，圣乔治十字曾作为十字军的标志，也是迄今最早的用来代表英格兰的标志。

2. 徽章：三狮徽章是英格兰皇室的标志之一。

3. 知识点：《哈利·波特》是英国作家J.K.罗琳所著的魔幻文学系列小说，共七部，描写年轻的巫师学生哈利·波特在霍格沃茨魔法学院学习生活并最终消灭伏地魔的故事。小说被翻译成80余种语言在全世界发行，截止到2017年，系列小说销售超过5亿册。

4. 首都和语言：英国首都是伦敦，主要语言是英语。

二、看一看

伦敦桥是英国伦敦泰晤士河上一座几经重建的大桥，连接着南沃克自治市高街和伦敦市的威廉王大街。伦敦桥是伦敦的象征之一，也被称为伦敦的正门。

三、想一想

你知道古代足球诞生在哪里吗？你知道现代足球诞生在哪里吗？

四、创一创

蒂姆·伯纳斯·李1955年6月8日出生于英格兰伦敦西南部。1989年仲夏之夜，蒂姆成功开发出世界上第一个Web服务器和第一个Web客户机，蒂姆为他的发明正式定名为World Wide Web，即我们熟悉的WWW。1991年5月，WWW在Internet上首次露面，立即引起轰动。蒂姆因“发明万维网、第一个浏览器和使万维网得以扩展的基本协议和算法”而获得2016年的图灵奖。

英格兰足球

五、做一做

英格兰队球衣纸模

足球及球衣

1. 国家队：英格兰国家队在至今超过 155 年的历史中一直是欧洲足球的先驱者，并获得 1966 年世界杯冠军，1997 年四国邀请赛冠军，1900 年、1908 年、1912 年奥运会足球冠军，1968 年、1996 年欧洲杯季军。其在 2018 年足球国家队世界排名：第 13 名。

2. 球星：大卫·贝克汉姆 1975 年 5 月 2 日出生于伦敦雷顿斯通，从小就喜欢足球，7 岁时就已经崭露头角。贝克汉姆的训练一直非常严格，经常和一群大人踢球，锻炼对抗能力。平常其他人都训练完了，小贝自己会留下来练习任意球。后来令人惊奇的“圆月弯刀”任意球就源自此。球场上，“贝克汉姆是一名将足球视为最高境界的人”，球场外，贝克汉姆致力于拓展自身商业价值，同时推广足球运动。他还广泛参与公益活动，担任联合国儿童基金会亲善大使。他虽然不一定是足球史上最伟大的球员，但他一定是知名度最高的球员之一。

3. 联赛：英格兰足球超级联赛简称“英超”，由 20 支球队组成，是“欧洲五大联赛”之一，也是世界上最好的联赛之一。

4. 球衣：英格兰主场球衣素以白色简洁为风格，这一届的球衣也不例外，主题的白色与红色相得益彰，象征热情永不熄灭。

六、秀一秀

我设计的英格兰球迷服装

B组 # 葡萄牙

葡萄牙国旗

葡萄牙国徽

一、说一说

1. 国旗：旗面由左绿右红两部分组成，红、绿连线的中间绘有葡萄牙国徽。红色表示对 1910 年成立第二共和国的庆贺；绿色表示对被称为“航海家”的亨利亲王的敬意。

2. 国徽：中心图案是金色的古老航行仪器浑天仪，它是葡萄牙航海家们全球探险和开拓新大陆的历史见证物。浑天仪上面嵌有一枚白边红底盾徽，盾徽中有 7 座金色城堡。红色后面的白色盾徽是国徽的核心，5 枚小型蓝盾组成的“赎罪十字”镶嵌其中。国徽周围装饰着和平的标志——橄榄枝，为葡萄牙人民心之所系。

3. 知识点：“法朵”的意思是命运，是具有 150 多年历史的葡萄牙音乐，原先在民间流传，今天，“法朵”以其丰富的艺术内涵和哀伤优美的旋律征服了全世界。

4. 首都和语言：葡萄牙首都是里斯本，官方语言为葡萄牙语。

二、看一看

科阿山谷的史前岩画遗址位于葡萄牙东北部的杜罗河畔，是公元前 22000 年到公元前 10000 年史前人类的卓越艺术创造力的浓缩。这种岩石艺术以其不同寻常的方式让人们得以了解人类祖先的社会、经济和精神生活的状况。

三、想一想

1999 年 12 月 20 日，中国政府恢复对澳门行使主权。你知道中国是从哪个国家手里收回的澳门吗？

四、创一创

高速公路绿色通道系统（Via Verde）。1991 年，葡萄牙布里萨高速公路营运公司最早建立了高速公路绿色通道收费系统，从而简化了高速公路和桥梁收费的过程。如今，这个系统已经在世界各地被广泛使用，这个系统就是 ETC——“电子不停车收费”通道。

葡萄牙足球

五、做一做

足球及球衣

1. 国家队：葡萄牙队因队徽上的五个盾牌而得名“五盾军团”。作为欧洲强队之一，葡萄牙队曾经在1966年英格兰世界杯上获得季军，2016年欧洲杯上首获冠军。葡萄牙国家队在2018年足球国家队世界排名：第4名。

2. 球星：1985年2月5日，克里斯蒂亚诺·罗纳尔多（简称C罗），出生于葡萄牙马德拉岛一个贫穷的家庭，父亲是个嗜酒的园丁，母亲做清洁工，哥哥染上毒瘾，全家生活困难，还时常挨饿。但C罗从小就喜爱足球，为了梦想，他付出了超常的努力。为了强壮身体，他每天都要早起，带上心爱的足球去沙滩上跑步。12岁时，C罗孤身来到首都里斯本竞技青年队，因为乡下口音被当时的同学和老师嘲笑，但他没有退缩，“这让我从小就学会了独立”。进入职业俱乐部后，他训练更加刻苦。“热爱＋刻苦＋天赋”造就了当今足坛第一“高富帅”。C罗曾说，“我不认为我是天才，如果今天不训练，明天就会退步。我不会迷失自己”。C罗已5次获得金球奖，3次获得世界足球先生。

3. 联赛：葡萄牙足球超级联赛，其前身为葡萄牙甲级足球联赛，首届联赛于1938年举行。2002年改名为葡萄牙超级足球联赛。2017—2018年赛季参赛球队18支。

4. 球衣：葡萄牙球衣依然以红色为底色，金色勾线队徽，领边用绿色提亮，整体简洁大方。

葡萄牙国家队球衣纸模

六、秀一秀

我设计的葡萄牙球迷服装

F组

西班牙

西班牙国旗

西班牙国徽

一、说一说

1. 国旗：西班牙国旗旗面自上而下由红、黄、红三个平行长方形组成，左侧绘有国徽。红、黄两色是西班牙人民深爱的传统色彩，象征着人民对祖国的一片赤胆忠心。

2. 国徽：国徽中心图案为盾徽，盾面上有六组图案：左上角是红地上黄色城堡；右上角为白地上头戴王冠的红狮，城堡和狮子是古老西班牙的标志，分别象征卡斯蒂利亚和莱昂；左下角为黄、红相间的竖条，象征东北部的阿拉贡；右下角为红地上金色链网，象征位于北部的纳瓦拉；底部是白地上绿叶红石榴，象征南部的格拉纳达；盾面中心的蓝色椭圆形中有三朵金百合花，象征波旁－卡佩家族的统治。盾徽上端有一顶大王冠，这是国家权力的象征。盾徽两旁各有一根海格立斯柱子，亦称大力神银柱，左、右柱顶端分别是王冠和帝国冠冕，缠绕着立柱的饰带上写着“海外还有大陆”。

3. 知识点：弗拉门戈是西班牙的一种综合性艺术，它融舞蹈、歌唱、器乐于一体，源于传统吉普赛人民居住的地方。弗拉门戈秉持了吉卜赛的自由随性，融合了欧洲的高贵华丽以及美洲的奔放热情，如今已经成为具有西班牙特色和代表性的艺术之一。

4. 首都和语言：西班牙首都是马德里，官方语言为西班牙语。

二、看一看

布尔戈斯大教堂是唯一一座被宣布为人类文化遗产的大教堂，是 13 世纪哥特式建筑的杰出代表。教堂里面保存着无数珍贵的祭坛装饰画。

三、想一想

你了解西班牙斗牛吗？你对西班牙斗牛有什么看法？

四、创一创

西班牙快时装品牌 ZARA 被称为时尚行业规则的“颠覆者”。在传统的服装行业中，服装从设计到生产整个过程通常要 6 个月到 9 个月，而 ZARA 只需 2 个星期。除了快之外，其物美价廉，设计和款式也都紧随时尚潮流。2017 年，ZARA 位列全球 100 个最有价值品牌榜第 24 名。

西班牙足球

五、做一做

足球及球衣

1. 国家队：西班牙足球队成立于1913年，1964年、2008年、2012年三度夺得欧洲杯冠军，2010年获得世界杯冠军。其在2018年足球国家队世界排名：第8名。

2. 球星：安德雷斯·伊涅斯塔1984年5月11日出生于西班牙南部小镇阿尔巴塞特。8岁时，加入了阿尔巴塞特青训营。此地离家有50公里远，父母每天轮流开车送他去训练。他的教练说：“有天赋、有才华的球员有不少，但伊涅斯塔更有听取教练和父母教诲的能力。每当跟他提点什么意见，他下一刻就能在实践中表现出来。让他变得如此伟大的，正是这种能谦虚接受意见的能力吧。”2006年，伊涅斯塔首次入选西班牙国家队。2010年，帮助国家队夺得世界杯冠军。

3. 联赛：西班牙足球甲级联赛是欧洲及世界最高水平的职业足球联赛之一，现有参赛球队20支，著名球队包括皇马、巴萨、马竞等。

4. 球衣：西班牙主场球衣致敬1994年世界杯上的著名战袍，红、黄、蓝三色菱形图案与红色的主场色相互辉映，热情将再度被点燃。

西班牙国家队球衣纸模

六、秀一秀

我设计的西班牙球迷服装

G组 比利时

比利时国旗

比利时国徽

一、说一说

1. 国旗：比利时国旗从左到右由黑、黄、红三个平行相等的竖长方形相连构成。黑色表示悼念在1830年独立战争中牺牲的英雄；黄色象征国家的财富和畜牧业、农业的丰收；红色象征爱国者的生命和热血，也象征独立战争取得的伟大胜利。

2. 国徽：比利时国徽分大小两个版本，大版本为斗篷式，顶端的9面旗帜分别代表比利时的9个省。国徽基部的红色饰带上书写着民族格言：团结就是力量。

3. 知识点：奥黛丽·赫本（1929.5.4—1993.1.20）出生于比利时布鲁塞尔，著名电影、舞台剧女演员。她被称为“真正的淑女”“平民公主”，代表作有《罗马假日》《窈窕淑女》等。赫本还致力于慈善事业的发展，曾任联合国儿童基金会亲善大使，荣获奥斯卡人道主义奖 。2002年5月，联合国儿童基金会特别竖立了一个名为奥黛丽精神（The Spirit of Audrey）的雕像，以表彰她所作的贡献。

4. 首都和语言：比利时首都是布鲁塞尔，官方语言是法语、荷兰语和英语。

二、看一看

滑铁卢古战场：在布鲁塞尔以南18公里有一个叫作滑铁卢的小镇，它承载了一段令人难忘的历史：1815年6月18日傍晚，威灵顿公爵指挥的英荷联军及普鲁士军队在这里击败了拿破仑，结束了这位传奇人物纵横欧洲的历史。

三、想一想

你知道被比利时人民誉为“布鲁塞尔第一市民”的小孩儿是谁吗？

四、创一创

比利时人充满了想象力和创造力，这一点在漫画创作上体现得淋漓尽致。陪伴我们从小到大的许多漫画都出自比利时画家之手，如《蓝精灵》《丁丁历险记》等。

比利时足球

五、做一做

足球及球衣

1. 国家队：由于主场球衣主色调为红色，比利时队被球迷们誉为“欧洲红魔”。其于 1986 年世界杯获得第 4 名，1972 年获得欧洲杯第 3 名，1980 年，欧洲杯荣获亚军。比利时国家队曾夺得 1920 年奥运会、1900 年奥运会足球项目的金牌和铜牌，其在 2018 年足球国家队世界排名：第 3 名。

2. 球星：埃登·阿扎尔，1991 年 1 月 7 日生于比利时拉卢维耶尔一个足球世家，父母都是比利时职业球员。阿扎尔 7 岁加入当地的少年队，14 岁时，在参加青年队锦标赛时被法甲球队里尔俱乐部看中，从此开始了自己的法甲生涯。阿扎尔连续 2 年当选法甲年度最佳青年球员，成为该奖项自 1994 年创立以来的首位非法国籍获得者，而且也是第一个能够卫冕奖项的人。其 2017 年入围 2017 年世界足球先生候选名单、2017 年世界最佳阵容候选名单和 2017 年金球奖候选名单。

3. 联赛：比利时足球甲级联赛创建于 1895 年，目前参赛球队有 16 支。安德莱赫特足球俱乐部是联赛里最成功的俱乐部，曾 32 次夺得联赛冠军。

4. 球衣：2018 年的比利时主场球衣依旧延续红色主色调的设计，胸前使用了红、黄、黑三色菱形条纹来装饰，与国旗相互辉映，而菱形的设计也正是对 1984 年球衣的致敬。

比利时国家队球衣纸模

六、秀一秀

我设计的比利时球迷服装

C组

法国

法国国旗

法国国徽

一、说一说

1. 国旗：法国国旗是一面从左至右蓝、白、红色垂直排列的三色旗。三色旗曾是法国大革命的象征，后来三色代表着法国的国家格言：自由、平等和博爱。

2. 国徽：法国没有正式国徽，但传统上采用大革命时期的纹章作为国家的标志。纹章为椭圆形，上绘有大革命时期流行的标志之一——束棒，这是古罗马高级执法官用的权标，是权威的象征。束棒两侧饰有橄榄枝和橡树枝叶，其间缠绕的饰带上用法文写着“自由、平等、博爱”。整个图案由带有古罗马军团勋章的环带饰品所环绕。

3. 知识点：克劳德·莫奈（1840.11.14—1926.12.5），法国画家，被誉为“印象派领导者”，是印象派代表人物和创始人之一。他最重要的风格是改变了阴影和轮廓线的画法。光和影的色彩描绘是莫奈绘画的最大特色。莫奈代表作包括《日出·印象》《卢昂大教堂》《睡莲》等。

4. 首都和语言：法国首都是巴黎，官方语言为法语。

二、看一看

卢浮宫位于法国巴黎市中心的塞纳河北岸，位居世界四大博物馆之首。卢浮宫始建于1204年，是法国文艺复兴时期最珍贵的建筑物之一。卢浮宫藏有被誉为世界三宝的珍品：断臂维纳斯雕像、蒙娜丽莎油画和胜利女神石雕。卢浮宫拥有的艺术收藏品达40万件以上。

三、想一想

提到法国，你第一个想到的是什么？为什么？

四、创一创

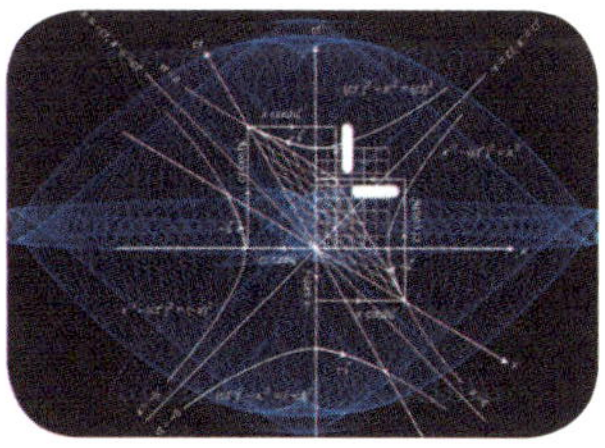

勒内·笛卡尔（1596.3.31—1650.2.11），法国著名的哲学家、数学家、物理学家。在数学方面，笛卡尔创立了直角坐标系，将代数和几何结合在一起，进而建立了解析几何学。据说，直角坐标系是笛卡尔生病卧床时，看到天花板上的蜘蛛拉丝受到启发而创立的。

法国足球

五、做一做

足球及球衣

1. 国家队：法国国家队被球迷称为“高卢雄鸡”，曾获得 1998 年世界杯冠军；1984 年、2000 年欧洲杯冠军；2001 年、2003 年联合会杯冠军。法国国家队在 2018 年足球国家队世界排名：第 7 名。

2. 球星：安东尼·格里兹曼，1991 年 3 月 21 日出生于法国马孔，小时候因为个子矮，曾被十几家俱乐部拒绝。2005 年，年仅 14 岁的格里兹曼加入西甲皇家社会青年队，为了不耽误学业，他每天在法国边境的巴约纳分校接受系统的教育，同时，在西班牙接受足球训练。2017 年 10 月，格里兹曼出版了个人漫画童书《进球》，他表示：“小时候，我喜欢阅读以贝克汉姆或齐达内为原型的故事。成为职业球员，我经历了不少障碍，但从来不放弃。我想要传递我的人生观和竞技观给小朋友们。” 2017 年，格里兹曼入选世界最佳阵容候选名单和金球奖候选名单。

3. 联赛：法国足球甲级联赛简称“法甲”，是法国最高级别的职业足球联赛，里昂、马赛、巴黎圣日耳曼、摩纳哥等是球迷熟悉的强队。2017—2018 年赛季法甲联赛参赛球队共 20 支。

4. 球衣：法国队也有“蓝衫军团”的昵称，此次世界杯征程，法国队延续了蓝色主色调的设计，这是法国性格的鲜活代表，强大的传统和不断拥抱未来相融合，形成“高卢雄鸡”的当代文化，“蓝衫军团”将在球场上续写浪漫与激情。

法国国家队球衣纸模

六、秀一秀

我设计的法国球迷服装

H组 波兰

波兰国旗

波兰国徽

一、说一说

1. 国旗：波兰国旗由上白下红两个平行相等的长方形构成，白色不仅象征古老传说中的白鹰，而且还象征着纯洁，表达出波兰人民渴望自由、和平、民主、幸福的美好愿望；红色象征热血，也象征着革命斗争取得胜利。

2. 国徽：波兰国徽上绘有一只头戴金冠、舒展双翼的白鹰，白鹰象征波兰人民不屈的爱国精神。

3. 知识点：弗里德里克·弗朗索瓦·肖邦（1810—1849年）是波兰历史上最具影响力和最受欢迎的钢琴作曲家之一，也是波兰音乐史上最重要的人物之一。他的作品以波兰民间歌舞为基础，同时又深受巴赫影响，多以钢琴曲为主，被誉为“浪漫主义钢琴诗人”。肖邦一生创作了大约200部作品，代表作有《钢琴协奏曲》《叙事曲》《夜曲》《革命练习曲》等。

4. 首都和语言：波兰首都是华沙，官方语言为波兰语。

二、看一看

奥斯维辛集中营是纳粹德国在第二次世界大战期间修建的1000多座集中营中最大的一座，是波兰南部奥斯维辛市附近40多座集中营的总称。1979年，联合国教科文组织将其列入世界文化遗产名录，以警示世界“要和平，不要战争”。

三、想一想

你知道居里夫人出生在哪里吗？你知道居里夫人和丈夫皮埃尔·居里发现的新放射性元素钋（Polonium）的名字是怎么命名的吗？

四、创一创

尼古拉·哥白尼（1473—1543年）是文艺复兴时期的波兰天文学家、数学家、教会法博士、神父。哥白尼40岁时提出了日心说，改变了人类对自然、对自身的看法。当时罗马天主教廷认为他的日心说违反《圣经》，但哥白尼坚信日心说，并经过长年的观察和计算，完成了他的伟大著作《天体运行论》。

波兰足球

五、做一做

足球及球衣

1. 国家队：波兰国家队又称“波兰铁军”，在20世纪七八十年代曾经威震世界，1974年和1982年，曾两次荣获世界杯季军，1978年杀入了8强。2017年8月，波兰队以欧洲区E组第一的成绩第八次闯入世界杯决赛圈，其在2018年足球国家队世界排名：第10名。

2. 球星：罗伯特·莱万多夫斯基1988年8月21日出生于波兰首都华沙。9岁时加入青训营，8年之后被波兰豪门——华沙莱吉亚签约，但仅待了一个赛季就被解约了。俱乐部给出的理由是：这孩子太矮太瘦了。在他们眼里，他永远不可能成为一名职业球员。18岁时，被抛弃的莱万多夫斯基完全有理由放弃足球梦想，但他却拒绝低头，一头扎进了波兰第三级别联赛，选择在默默无闻中重新开始。后来他实现了大逆袭：连续6年把波兰足球先生的殊荣揽入怀中。在2018年世界杯预选赛中，莱万多夫斯基更成为史上第一位在单届世界杯预赛中进球达到16个的欧洲球员。

3. 联赛：波兰足球超级联赛是波兰最高级别的职业足球联赛，由波兰足协协会管理。现有16支球队参赛。

4. 球衣：波兰国家队新球衣的设计灵感源自波兰人引以为傲的雄鹰，球衣胸前为充满速度感与活力的对角线刻纹图案，表现了波兰人强烈的民族自豪感和敢于接受挑战的勇气。

波兰国家队球衣纸模

六、秀一秀

我设计的波兰球迷服装

D组 **冰岛**

冰岛国旗

冰岛国徽

一、说一说

1. 国旗：冰岛国旗为蓝色底配以白色及红色的十字，三种色彩分别象征着组成冰岛的三种元素：红色象征冰岛火山中的火焰；白色象征覆盖冰岛的冰雪；蓝色象征大西洋。

2. 国徽：冰岛国徽为绘有国旗图案的盾徽，盾徽上端有一只红舌金爪的白隼和一只白齿红舌金爪的龙，左侧是一头黑牛，右侧站着一位身披斗篷的白衣老人。隼、龙、牛和老人都是冰岛传说中的守护神，盾徽下端的石块代表冰岛多岩石的漫长海岸。

3. 知识点：极光是一种绚丽多彩的发光现象，是太阳风暴吹过来的带电粒子与地球高空大气中的原子与分子在地球大气层最上层（距离地面100—200公里处的高空）运作激发的光学现象。冰岛的极光十分出名，许多游客都是慕名而来，专程到冰岛欣赏极光的美景。

4. 首都和语言：冰岛首都是雷克雅未克，官方语言为冰岛语。

二、看一看

冰岛议会旧址国家公园，位于冰岛西南部，距首都50公里处。公元930年，冰岛早期移民在此处举行第一次全国“人民代表大会”，成立了世界上最早的以民主方式选举出来的议会，并通过了第一部冰岛宪法。公园风景优美，是世界文化和自然遗产风景胜地。

三、想一想

冰岛的总人口只有33万人。6年前，冰岛足球队仅仅排名世界第131位，如今，冰岛队已经跃升至第21位。你知道为什么吗？

四、创一创

冰岛的创新能力引人注目。两个数字说明问题：冰岛人口33万人，但至少1/10的人口都出版过一本书。冰岛的音乐为世界熟知，有1000多支本土乐队，每年向全世界输出超过1200多场高品质音乐演出。根据欧洲工商管理学院的研究报告显示，2010年，冰岛在“全球创新指数”中居全球最具创新能力经济体首位。

冰岛足球

五、做一做

足球及球衣

1. 国家队：1947 年，冰岛足协成立，同年加入国际足联。冰岛国家队此次成功闯入 2018 年俄罗斯世界杯决赛圈，同时还创造了一项纪录——有史以来参加世界杯人口最少的国家。冰岛国家队在 2018 年足球国家队世界排名：第 22 名。

2. 球星：阿隆·贡纳松 1989 年 4 月 23 日出生于冰岛阿克雷里。冰岛队有一个特点鲜明的得分撒手锏——边线球直接策动进球！而在冰岛队内，掷边线球次数最多的就是队长贡纳松。贡纳松小时候是一名手球运动员，曾创造过冰岛手球比赛中最年轻的出场纪录，直到 17 岁才决定以足球为职业，贡纳松的界外球投掷距离甚至超过 25 米。在 2016 年欧洲杯八分之一决赛淘汰英格兰之后，冰岛国家队全体球员在队长的带领下，朝着球迷看台发出了气势恢宏的“维京战吼”，这个画面令无数球迷印象深刻。

3. 联赛：冰岛足球超级联赛由 10 支球队组成，赛制是主客场双循环，按最后积分排名。

4. 球衣：冰岛国家队球衣以“Legends are born without warning（传奇出世，毋须预警）”为主题，全新战袍的设计中融入冰、熔岩和水的元素，展现了上天对于冰岛这块冰火之地的馈赠，恰如其分地表现了冰岛的独特与美，点燃这片土地上的人们心中的激情。

冰岛国家队球衣纸模

六、秀一秀

我设计的冰岛球迷服装

E组 塞尔维亚

塞尔维亚国旗

塞尔维亚国徽

一、说一说

1. 国旗：塞尔维亚国旗自上而下依次由红、蓝、白三道平行相等的条纹组成。国旗中间偏左方有国徽。蓝色象征自由，白色象征和平、安宁的生活，红色象征追求公理与正义的信心和勇气。

2. 国徽：塞尔维亚国徽分为大小两种。大国徽原来是塞尔维亚王国国徽，亦为奥布廉诺维奇王朝王徽，为小国徽覆以斗篷和王冠；小国徽的红色盾面上方有一顶金色王冠，是过去塞尔维亚王国的象征。

3. 知识点：阿娜·伊万诺维奇是塞尔维亚职业女子网球运动员，最高单打排名为世界第一，曾获得 2007 年法国网球公开赛及 2008 年澳大利亚网球公开赛亚军，2008 年法国网球公开赛冠军。值得一提的是，伊万诺维奇与德国前国脚施魏因施泰格于 2016 年结婚，成了体坛恩爱夫妻的代表。

4. 首都和语言：塞尔维亚首都是贝尔格莱德，官方语言为塞尔维亚语。

二、看一看

贾姆济格勒 – 罗慕利亚纳的加莱里乌斯宫，以皇太后菲利克斯·罗慕利亚纳的名字命名，包括城堡、宫殿、教堂、修道院、浴室、礼拜堂和一座凯旋门。此宫殿是罗马传统建筑的典型代表，同时带有第二次四君主制时期的烙印。

三、想一想

你知道“特斯拉”电动车吗？你知道“特斯拉”的名字有什么故事吗？

四、创一创

尼古拉·特斯拉（Nikola Tesla，1856.7.1—1943.1.7），塞尔维亚裔发明家、机械工程师、电气工程师。他在电磁领域的多项革命性发明、多项相关专利以及电磁学研究成为现代无线通信和无线电的基石。他的发明包括特斯拉线圈、交流电、无线电等，被认为是电力商业化的重要推动者之一。

塞尔维亚足球

五、做一做

足球及球衣

1. 国家队：塞尔维亚队由塞尔维亚足球协会管理，其前身是南斯拉夫国家足球队以及塞尔维亚和黑山国家足球队。南斯拉夫队曾 9 次参加世界杯决赛圈，1930 年曾打进半决赛，1962 年获得了第 4 名，这也是该队在世界杯历史上的最好成绩。2010 年是塞尔维亚独立后首次参加世界杯。塞尔维亚国家队在 2018 年足球国家队世界排名：第 35 名。

2. 球星：1988 年 8 月 1 日，内马尼亚・马蒂奇出生于塞尔维亚马切万州沙巴茨，2008 年 12 月首次入选塞尔维亚国家队。2017 年 7 月，马蒂奇以 4000 万英镑的身价转会至英超曼彻斯特联足球俱乐部。2014 年和 2015 年，马蒂奇连续 2 年当选塞尔维亚足球先生，2017 年 9 月入选 2017 年世界最佳阵容候选名单及 2017 年度最佳进球暨普斯卡什奖十大候选进球名单。

3. 联赛：国内联赛，塞尔维亚足球超级联赛是塞尔维亚足球协会旗下的职业足球联赛，联赛成立于 2006 年，是塞尔维亚联赛系统中的最高等级联赛，其前身是塞尔维亚足球甲级联赛，目前参赛球队为 16 支。

4. 球衣：塞尔维亚国家队球衣左上方为国家队标志，球衣配色呈现和谐的视角外观。

塞尔维亚国家队球衣纸模

六、秀一秀

我设计的塞尔维亚球迷服装

E组 瑞士

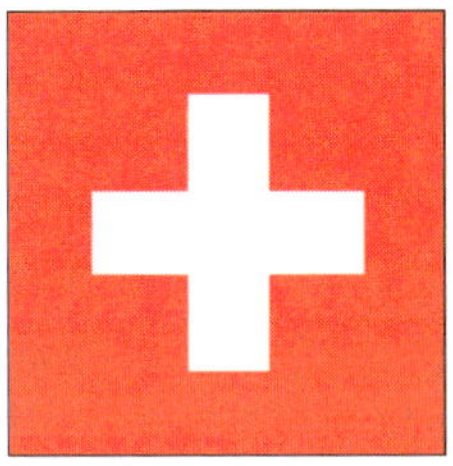

瑞士国旗

瑞士国徽

一、说一说

1. 国旗：瑞士是世界上仅有的两个以正方形为国旗的国家之一（另一个国家是梵蒂冈），国旗标志是红底白十字。白色象征和平、公正和光明，红色象征着奋斗和爱国热情。

2. 国徽：瑞士国徽是一枚绘有红底白十字国旗图案的盾徽，其意义与国旗一致。

3. 知识点：罗杰·费德勒，瑞士男子职业网球运动员，其以全面稳定的技术、华丽积极的球风、绅士优雅的形象而著称，截止到 2017 年赛季，其职业单打总冠军数累加至 95 座，大满贯总冠军数累加至 19 座，被誉为网球史上最伟大球员之一。费德勒不仅在网球领域取得了成功，也热心慈善事业，2003 年，费德勒建立了自己的慈善机构，致力于资助能使残疾儿童受益的项目和青年体育运动。

4. 首都和语言：瑞士首都是伯尔尼，官方语言有四种：德语、法语、意大利语及列托罗曼语。

二、看一看

莱茵瀑布位于瑞士沙夫豪森州和苏黎世州交界处的莱茵河上。瀑布最宽处 150 米，最大落差 21 米，水深 13 米，瀑布夏季平均流量每秒 700 立方米。莱茵瀑布是欧洲最大的瀑布，瀑布有 1 万多年的历史。2 万年前此处尚无瀑布，后因冰川活动和莱茵河改道，才形成了我们所看到的莱茵瀑布景象。

三、想一想

你知道日内瓦吗？你知道日内瓦国际发明展吗？

四、创一创

由世界知识产权组织（WIPO）等机构发布的《2017 年全球创新指数》（The Global Innovation Index 2017）显示，瑞士的创新能力位居世界之首，这已是瑞士连续第 7 年成为冠军。瑞士的创新也为世界贡献了许多名牌，如著名的瑞士手表江诗丹顿、伯爵、劳力士、帝舵、欧米茄、雷达、浪琴、天梭等，还有雀巢咖啡、瑞士军刀等。

瑞士足球

五、做一做

足球及球衣

1. 国家队：瑞士国家男子足球队建立于 1895 年，隶属于瑞士足球协会。瑞士足协是 1904 年国际足协的创始者之一。2004 年，瑞士队作为东道主参加了欧锦赛；2006 年世界杯打入十六强，并且创造了单届世界杯 0 失球的纪录；2010 年入围南非世界杯决赛；2014 年世界杯打入十六强。在 2018 年世界杯预选赛中，瑞士 2∶0 击败葡萄牙取得开门红，并且获得五连胜。瑞士国家队 2018 年足球国家队世界排名：第 6 名。

2. 球星：谢尔丹·沙奇里 1991 年 10 月 10 日出生于科索沃地区，1992 年随父母移民瑞士。小时候的沙奇里很快展示出在足球上的天赋。8 岁时在 SV 奥格斯俱乐部开始了足球之路，2009 年 2 月，未满 18 岁的沙奇里就得到了瑞士顶级强队巴塞尔的职业合同。教练对沙奇里赞赏有加：“他真是个球场上的野兽。比赛能力出色，带球能力出色，强大得简直就像忍者神龟一样。” 沙奇里荣获 2011 年、2012 年瑞士足球先生。

3. 联赛：瑞士最早期的联赛始于 1897 年，全国联赛始于 1931 年，超级联赛始于 2003 年，现共有 10 支参赛球队。

4. 球衣：瑞士新球衣的设计中融入著名的马特洪峰时尚而醒目的地形图案，这个标志性的“阿尔卑斯山王”将激励着球员们成就球场上的“瑞士之巅”。

瑞士国家队球衣纸模

六、秀一秀

我设计的瑞士球迷服装

F组

瑞典

瑞典国旗

瑞典国徽

一、说一说

1. 国旗：瑞典国旗于 1906 年 6 月 22 日正式制定，蓝底金十字是瑞典的国家象征。

2. 国徽：瑞典国徽分为大小两种。瑞典国徽（大）图案带有中世纪色彩，是一面绘有国旗图案的盾徽配置在华美高贵的大帐篷里。后面的图案分为两组：一组图案是蓝色，三顶美丽王冠代表着至今仍保留的君主体制；另一组图案是蓝、白相间，上面站立着一只金色雄狮，它象征古老的福尔孔王朝。国徽图案中心镶嵌着一枚小国徽图案。盾徽两侧各侍立着一头戴着金色王冠的雄狮，顶部的皇家冠冕由六翼天使勋章的链条环绕，链条上装饰着生动的天使形象。

3. 知识点：H&M 是风靡全球的快时尚品牌之一，于 1947 年由尔林·派尔森在瑞典创立。H&M 以更新速度快，符合年轻人品位而出名。2017 财年，H&M 集团在全球 69 个市场共开设 4739 家门店，全年实现营收 2317.71 亿瑞典克朗，约合人民币 1691.6 亿元。

4. 首都和语言：瑞典首都是斯德哥尔摩，官方语言是瑞典语。

二、看一看

瑞典皇宫坐落在斯德哥尔摩市中心，建于 17 世纪，是瑞典著名建筑学家特里亚尔的作品。皇宫四壁有许多精美的浮雕。皇宫华丽的大厅里，壁上挂着大幅的历代国王和皇后的肖像画，室内还陈设着古代的战车兵器、珠宝饰物、金银器皿。

三、想一想

关于瑞典的品牌，除了宜家你还知道哪些？

四、创一创

阿尔弗雷德·贝恩哈德·诺贝尔（1833.10.21—1896.12.10），瑞典化学家、发明家，一生拥有 355 项专利发明，并在 20 个国家开设了约 100 家公司和工厂，积累了巨额财富。1895 年，诺贝尔设立遗嘱，将其遗产作为基金设立诺贝尔奖，分为物理学奖、化学奖、生理学或医学奖、文学奖及和平奖五种（1969 年增设经济科学奖），授予世界各国在这些领域对人类作出重大贡献的人。

瑞典足球

五、做一做

足球及球衣

1. 国家队：瑞典国家队是欧洲足坛传统劲旅，曾经在 1958 年世界杯上取得亚军，其在 2018 年世界足球国家队排名：第 23 名。

2. 球星：兹拉坦 · 伊布拉西莫维奇，简称伊布，中国球迷称其为“大奉先”，伊布 1981 年 10 月 3 日生于瑞典马尔默，曾 11 次荣获瑞典足球先生，2012 年获国际足联金足奖，2013 年获国际足联普斯卡什奖。2011 年 11 月，伊布的自传《我是伊布拉西莫维奇》公开发行，还荣获了瑞典国内最高文学奖的提名。在书中，伊布写道：“我并不是一个天赋出众的球员，是靠着自己的努力改变了命运”，“每个人都希望与众不同，为此你要对自己始终充满信心。世界上并没有什么固定的准则，我并不欣赏那些只会按规矩办事的人。有时另辟蹊径更容易取得成功”。有人奉他为天才，有人视他为疯子，但这就是特立独行的伊布。

3. 联赛: 瑞典足球超级联赛是瑞典最高级别的职业足球联赛，1924 年举行首次比赛，目前共 16 支参赛球队。

4. 球衣：瑞典国家队 2018 年的球衣延续了以往的配色，为了致敬 1988 年的球衣设计，瑞典队在两侧加入了条纹元素，简洁大方。

瑞典国家队球衣纸模

六、秀一秀

我设计的瑞典球迷服装

D组　克罗地亚

克罗地亚国旗

克罗地亚国徽

一、说一说

1. 国旗：克罗地亚国旗由三个平行相等的横长方形组成，自上而下分别为红、白、蓝三色。旗面中间绘有国徽。

2. 国徽：克罗地亚国徽为盾徽，盾面由 25 个红、白相间的方格组成。盾徽上端有一个风格化的王冠，王冠由 5 个小盾组成。从左至右 5 个小盾上的图案分别为：一弯白色新月和一枚黄色六角星；蓝、红相间的条带；3 个饰有王冠的黄色狮子头；红角红蹄的山羊；一只貂和一颗六角星。国徽来自 9 世纪的克罗地亚古老王国的标志，5 个小盾象征当时王国的 5 个省区。

3. 知识点：《克罗地亚狂想曲》出自专辑 *The piano player*，由作曲家托赛・胡基科谱写，著名音乐家马克西姆・姆尔维察演绎，音乐用明快的节奏描述了饱受战火洗礼后的克罗地亚灰烬中的残垣断壁，夕阳倒映在血泪和尘埃之中的悲惨的画面。

4. 首都和语言：克罗地亚首都是萨格勒布，官方语言为克罗地亚语。

二、看一看

十六湖国家公园是克罗地亚 8 个国家公园中规模最大、访问量最多的国家公园，其于 1979 年被联合国教科文组织列为世界遗产。公园占地面积 114 平方公里，其中 16 个淡水湖以蓝色和绿色形成美丽如画的风景线。公园森林中有松树、冷杉、云杉和山毛榉树。

三、想一想

你知道马可・波罗（Marco Polo）出生在哪里吗？你知道《马可・波罗游记》吗？

四、创一创

领带是克罗地亚人引以为傲的国家文化遗产。在克罗地亚语中，克罗地亚是 hrvata，而领带是 kravata，两者极为相似。2008 年，克罗地亚议会宣布每年的 10 月 18 日为“领带日”。

克罗地亚足球

五、做一做

足球及球衣

1. 国家队：克罗地亚队 1996 年第一次闯入欧洲杯决赛圈，晋级八强；1998 年夺得世界杯季军，克罗地亚球员苏克更夺得了该届的金靴奖；1994 年及 1998 年被 FIFA 颁发最佳进步奖。克罗地亚国家队在 2018 年足球国家队世界排名：第 18 名。
2. 球星：卢卡·莫德里奇 1985 年 9 月 9 日出生于克罗地亚的扎达尔，1992 年，前南斯拉夫爆发内战，莫德里奇全家过上了逃亡的生活，父亲去了前线，只有他和妈妈以及妹妹挤在 12 平方米的屋子里一起生活。从那时起，他开始踢球。16 岁的时候，莫德里奇被克罗地亚足球俱乐部相中。“当我还是一个少年的时候，我就加入了一家足球俱乐部。从那时起，我就没有害怕过任何挑战。我知道，我能做到。”他是一个“三放心”球员：一旦他拿球，队员、教练、球迷“三放心”。2017 年 8 月，莫德里奇被欧洲足联评选为 2016—2017 年赛季最佳中场。
3. 联赛：克罗地亚足球甲级联赛是由克罗地亚足球协会举办的职业足球联赛，是克罗地亚联赛系统中最高等级的联赛，于 1991 年举办首届赛事。目前共有 10 支球队参赛。
4. 球衣：克罗地亚的主场队服是由白色和红色的方块搭配组合，象征着国旗、国徽的配色，也突出了克罗地亚最著名的视觉符号，让人们回想起球队初次踏上世界杯舞台时的“黑马”形象。

克罗地亚国家队球衣纸模

六、秀一秀

我设计的克罗地亚球迷服装

C组 丹麦

丹麦国旗

丹麦国徽

一、说一说

1. 国旗：丹麦国旗是世界上第一面国旗，诞生于 1219 年。国旗旗面为红色，上有白色十字形图案。丹麦国旗被称为“丹麦人的力量”。

2. 国徽：丹麦国徽是一枚金黄色盾徽，盾面上绘有三头口吐红舌、头戴王冠的蓝色雄狮和九颗血色鸡心，象征丹麦古老的文德国的统治者的皇位，盾徽顶部华丽威严的王冠象征丹麦王国的国王。

3. 知识点：安徒生（1805—1875 年），19 世纪丹麦童话作家，被誉为“世界儿童文学的太阳”。安徒生的代表作有《小锡兵》《海的女儿》《拇指姑娘》《卖火柴的小女孩》《丑小鸭》《皇帝的新装》等。他的作品《安徒生童话》已经被译为 150 多种语言，丹麦也因此被称为“童话王国”。

4. 首都和语言：丹麦首都是哥本哈根，官方语言是丹麦语。

二、看一看

美人鱼铜像位于丹麦首都哥本哈根朗厄里尼港入口处的一块巨大的鹅卵石上，它是根据安徒生童话《海的女儿》中的女主角雕铸的，现已成为丹麦的象征。

三、想一想

你知道丹麦的国鸟是什么吗？

四、创一创

你玩过乐高玩具吗？乐高发源于丹麦，1932 年，优秀的木匠奥勒·克里斯蒂安森在比隆（Billund）的小村庄成立了乐高公司。“LEGO”是丹麦语“leg godt”的合成品，意思是“play well”(玩得好)，拉丁语的意思是“I put together”(我把它们砌好了)。乐高致力于提升小朋友的想象力和创造力，目前已经成为世界最大的玩具品牌。

丹麦足球

五、做一做

足球及球衣

1. 国家队：丹麦国家足球队由丹麦足球协会创立。在 1992 年瑞典欧洲杯中，丹麦以 2 ： 0 击败德国，夺得了丹麦队唯一一次欧洲杯冠军头衔。世界杯方面，丹麦队曾四次跻身世界杯决赛圈，分别是 1986 年、1998 年、2002 年和 2010 年。2018 年足球国家队世界排名：第 12 名。

2. 球星：克里斯蒂安·埃里克森，1992 年 2 月 14 日出生于丹麦米德尔法特。16 岁时埃里克森就对自己的人生有着超乎年龄的成熟规划："我的第一步不应该迈得很大，我觉得我应该在荷兰开始我的职业生涯，" 于是，他进入了荷兰的"球星梦工厂"阿贾克斯队。前阿贾克斯主帅说："他是个天才，是个无所畏惧并积极进取的男孩。"2011 年，19 岁的他荣膺荷兰联赛最佳新秀。2018 年世界杯欧洲区预选赛上，埃里克森打进 11 粒进球。"他是一个让我真心喜欢的球员，他拥有惊人的天赋，"说话一向苛刻的荷兰名宿克鲁伊夫对埃里克森也不吝赞美之词。

3. 联赛：丹麦足球超级联赛，通常简称"丹超"，是由丹麦足球协会管理，丹麦职业足球界最高组别联赛。丹超联赛现有 14 支球队。

丹麦国家队球衣纸模

六、秀一秀

我设计的丹麦球迷服装

南美区

巴西

一、说一说

1. 国旗

巴西国旗呈绿色长方形，中央为黄色菱形，菱形中央是深蓝色圆形天球仪。圆形白色绶带上书以葡萄牙文“秩序与进步”，绿色代表覆盖巴西国土的茂密丛林，黄色代表丰富的矿产资源。天球仪的下半部代表制定国旗时的首都的天空。天球仪中画有以南十字星为中心的27颗星，代表首都与26个州。

2. 国徽

巴西国徽图案中间突出一颗大五角星，象征国家的独立和团结。大五角星内的蓝色圆面上有5个五角星，代表南十字星座；圆环中有27个小五角星，代表巴西各州和联邦区。大五角星周围环绕着用咖啡叶和烟草叶编织的花环。

3. 知识点

桑巴是源于巴西巴伊亚的一种舞蹈和音乐类型。它最早是非洲土著带有宗教仪式性的舞蹈，通过黑奴带到巴西，再与当地的其他文化融合，演变成今日的桑巴。桑巴现已被公认为巴西的象征，是最大众化的巴西文化表达形式之一。

4. 首都和语言

巴西首都是巴西利亚，官方语言为葡萄牙语。

二、看一看

救世基督像是一座装饰艺术风格的大型耶稣基督雕像，位于巴西里约热内卢市科科瓦多山顶，是该市的标志，也是全球最闻名的纪念雕塑之一。

三、想一想

世界上最早的飞机是由谁发明的？美国人认为是美国人莱特兄弟，其于1903年12月17日试飞成功。巴西人认为是巴西人阿尔贝托·桑托斯·杜蒙特，其于1906年10月12日成功地飞至60米高空，是世界上第一次成功的动力飞行。你认同哪种看法？

四、创一创

巴西人研发了一款ONIX神器，可以把它捆绑在膝盖上，通过人的运动为智能手机电池充电。步行15分钟后，可以拨打紧急电话。要想充满，需要运动两个半小时。

巴西足球

足球及球衣

五、做一做

1. 国家队

截至2018年俄罗斯世界杯，巴西已经连续21次闯入世界杯决赛圈了，是历史上唯一一支参与了每一届世界杯赛事的球队，也是世界上唯一一支5次获得世界杯冠军的球队。巴西国家队在2018年足球国家队世界排名：第2名。

2. 球星

贝利1940年10月23日出生于巴西特雷斯科拉索斯镇，父亲是一名因伤退役、贫困潦倒的前足球队员。因为家里穷买不起球和鞋，父亲就用大号袜子塞满破布和旧报纸为他特制“足球”，而贝利就光脚踢。一天，顽强而有灵性的贝利吸引了一个路过此地的教练的注意，从此走上了专业足球的道路。1958年，17岁的贝利在瑞典世界杯上大放异彩，帮助球队夺得世界杯冠军，也收获了自己职业生涯中的第一个世界杯冠军头衔。

晚年的贝利喜欢预测世界杯夺冠热门队，但因屡屡不中，有了“乌鸦嘴”的戏称。但这非但不影响球王的光辉，反而恰恰揭示了一个“足球铁律”：球星的真功夫在腿上，而不在嘴上！

3. 联赛

巴西足球甲级联赛，简称“巴甲”，参赛球队20支。

4. 球衣

自1954年以来，巴西队一直身穿黄色的主场球衣，但并不总是同一种黄色。2018年的球衣是更具活力的“桑巴金黄”，代表一种独特的文化。

巴西国家队球衣纸模

六、秀一秀

我设计的巴西球迷服装

阿根廷

一、说一说

1. 国旗

阿根廷国旗自上而下由天蓝、白色、天蓝三个平行相等的长方形组成，天蓝色象征正义，白色象征信念、纯洁、正直和高尚。白色中间是“五月的太阳”，象征自由、黎明和未来。

2. 国徽

阿根廷国徽为椭圆形，椭圆形中有两只紧握着的手，象征团结；手中握有“自由之竿”，象征权力、法令、尊严和主权；竿顶为红色的“自由之帽”。椭圆形图案由绿色的月桂树叶环绕，绿色象征忠诚和友谊，月桂树叶象征胜利和光荣。

3. 知识点

探戈（tango）是一种双人舞蹈，虽源于非洲，但流行于阿根廷，探戈是最典型的拉丁美洲艺术表现形式，目前探戈是国际标准舞大赛的正式项目之一。

4. 首都和语言

阿根廷首都是布宜诺斯艾利斯，官方语言是西班牙语。

二、看一看

伊瓜苏瀑布是南美洲最大的瀑布，也是世界上最宽的瀑布，它位于阿根廷和巴西交界处，瀑布呈马蹄形，宽约 4000 米，平均落差 75 米，伊瓜苏瀑布名字的意思是“伟大的水”。

三、想一想

你听过《阿根廷别为我哭泣》这首歌吗？你知道这首歌背后的故事吗？

四、创一创

2015 年，阿根廷出版了一本特殊的图书，它使用可回收的无酸纸、生态墨水印刷，书中配有蓝花楹的种子，读者在阅读之后，可以将书本种在泥土中，让它“落叶归根”。这种书激发了孩子们对于环保的兴趣，帮助大家更好地理解生态和环境的意义。

阿根廷足球

足球及球衣

五、做一做

1. 国家队

阿根廷队被球迷称为“潘帕斯雄鹰”，它是世界上最成功的国家队之一，曾19次夺取过重大赛事的冠军，包括1978年、1986年两次称雄世界杯，14次夺得美洲杯，2004年、2008年两次获得奥运男足金牌以及一次联合会杯。其在2018年足球国家队世界排名：第5名。

2. 球星

里奥·梅西1987年6月24日出生于阿根廷圣菲省罗萨里奥市，梅西从小就酷爱足球，但因为家里穷，营养不良，11岁时患上了先天性侏儒症，停止生长。这对于一个要成为专业运动员的孩子是致命的。梅西的病是可以治疗的，但是费用很高，家里没钱为他治疗，球队也不愿意为一个前途未卜的孩子支付这笔费用。但是梅西不愿放弃，坚持训练。后来，巴萨俱乐部被其精湛的球技所打动，不仅签约了梅西，还同意为其治病。凭着顽强的意志与不懈的努力，梅西终于改变了自己不幸的命运，也成就了世界足坛的一个传说。

梅西荣获5次金球奖、4次欧洲金靴。

3. 联赛

阿根廷足球甲级联赛是阿根廷最高级别的足球联赛，成立于1893年，而阿根廷足球联赛成立于1891年，是除英国以外，首个建立足球联赛的国家。2017—2018年赛季阿甲共有28支球队参赛。

4. 球衣

为了庆祝阿根廷足协成立125周年，阿迪达斯专程设计出此款经典配色，蓝白相间象征着潘帕斯高原的蓝天白云，这群雄鹰继续在赛场上翱翔。

阿根廷国家队球衣纸模

六、秀一秀

我设计的阿根廷球迷服装

乌拉圭

一、说一说

1. 国旗

乌拉圭国旗由宽度相等的五道白色宽条和四道蓝色宽条相间相连构成，旗面左上角为白色正方形，内有一轮“五月的太阳”。乌拉圭历史上曾同阿根廷组成一个国家，所以两国国旗都有蓝、白色和“五月的太阳”；九道宽条代表当时组成共和国时的九个政治区域；太阳放射八道直线和八道波状光芒，象征国家的独立。

2. 国徽

乌拉圭国徽的形状是椭圆形盾徽，分为四个象限：左上角绘有象征平等、正义的天平，右上角绘有蒙得维的亚山和山上的堡垒，左下角绘有象征自由的马，右下角绘有象征富裕的公牛。周围饰以月桂和橄榄树枝。盾上方有象征国家兴起的“五月的太阳”。

3. 知识点

乌拉圭狂欢节是世界上持续时间最长的狂欢节，历时 40 天，100 多个演出团体将在乌拉圭首都蒙得维的亚上演花车游行、露天音乐会和幽默话剧等文艺演出。

4. 首都和语言

乌拉圭首都是蒙得维的亚，官方语言为西班牙语。

二、看一看

阿蒂加斯纪念碑位于蒙得维的亚独立广场。何塞·赫瓦西奥·阿蒂加斯是乌拉圭民族英雄，其参加并领导乌拉圭独立革命，战胜西班牙殖民军队，赶走了阿根廷军队，抗击葡萄牙入侵，被称为“东岸民族的奠基人”。

三、想一想

你知道第一届世界杯是哪一年、在哪个国家举办的吗？

四、创一创

2007 年 5 月，乌拉圭政府实施了一项“One Laptop Per Child”计划，给全国所有公立小学的学生每人配备一台笔记本电脑。截止到 2009 年 10 月，乌拉圭已经向 36.2 万名学生和 1.8 万名老师发放了笔记本，成了全球首个实现小学生人手一台笔记本电脑的国家。

乌拉圭足球

足球及球衣

五、做一做

1. 国家队

乌拉圭队拥有一个浪漫的名字——金色太阳。乌拉圭队是历史最悠久的国家足球队之一，于 1901 年首次参加正式国际比赛，先后获得 2 届奥运会冠军、2 次世界杯冠军和 15 次美洲杯冠军。乌拉圭队在 2018 年足球国家队世界排名：第 17 名。

2. 球星

路易斯·阿尔贝托·苏亚雷斯，1987 年 1 月 24 日出生于乌拉圭萨尔托。苏亚雷斯小时候家里没精力管他，足球是他最好的玩具。其 4 岁时就展示出在足球方面的天赋；9 岁时父母离婚了，母亲一人独自抚养 7 个男孩，生活十分贫苦；11 岁时，其不得不谢绝乌拉圭少年队的集训，原因是他买不起一双球鞋。“我必须为我的家庭，我的兄弟姐妹着想，我一旦成功就可以帮助他们，我必须好好踢球！”苏亚雷斯从小就懂得，想要的东西必须争取。他曾荣获欧洲金靴、英超金靴、西甲金靴、荷甲金靴。

3. 联赛

乌拉圭最早的足球俱乐部成立于 1881 年，而乌拉圭足球协会直到 1990 年才成立。乌拉圭足球甲级联赛分为业余联赛时期（1900—1931 年）和职业联赛时期（1932 年至今），现在共有 16 支球队。

4. 球衣

清新的天蓝色是乌拉圭主场球衣的主色调，胸前的“五月的太阳”以时尚又醒目的方式融入球衣的设计之中，图案的设计灵感源自艺术家卡洛斯·派斯·维拉洛的经典画作。这一极具象征意义的图案将燃起强烈的国家自豪感，激励球员与球迷们团结一致，在世界杯赛场上骄傲出战，征服对手。

乌拉圭国家队球衣纸模

六、秀一秀

我设计的乌拉圭球迷服装

哥伦比亚

一、说一说

1. 国旗

哥伦比亚国旗呈长方形。黄色象征金色的阳光、谷物和丰富的自然资源，蓝色代表蓝天、海洋和河流，红色象征爱国者为争取国家独立和民族解放而洒下的鲜血。

3. 知识点

哥伦比亚咖啡（Cafe de Colombia）是少数冠以国名在世界上出售的单品咖啡之一，优越的地理条件和气候条件使得哥伦比亚咖啡质优味美，誉满全球。

4. 首都和语言

哥伦比亚首都是波哥大，官方语言为西班牙语。

二、看一看

哥伦比亚黄金博物馆坐落于波哥大市圣坦德尔公园东侧的一片绿树丛中，是世界上收藏黄金器物最多的地方，馆内收藏着 26000 多件价值无法估量的古代印第安人使用过的金器，还珍藏着世界上最大的翡翠。历史上，哥伦比亚是盛产黄金的国家，是传说中的“黄金之国”。

2. 国徽

哥伦比亚国徽中心图案为盾徽。盾面中间是一顶“自由之帽”，象征自由和解放。盾面上部为两只象征丰饶的羊角，中间是一颗红石榴。哥伦比亚曾称“新格拉纳达共和国”，“格拉纳达”在西班牙语中意为“石榴”。盾面下部的图案描绘哥伦比亚西濒太平洋，北临加勒比海的地理位置。盾徽上端为一只美洲神鹰叼着月桂枝叶花环，象征国家的独立和光荣；鹰爪下的绶带上用西班牙文写着“自由、秩序”，意为在秩序下实行自由。盾徽两侧各悬挂两面国旗。

三、想一想

你知道哥伦布吗？你知道哥伦比亚国名与哥伦布有什么关系吗？

四、创一创

哥伦比亚是涂鸦爱好者的天堂，首都波哥大已经成为街头艺术的发源地，在这里，街头小巷随处可见充满艺术性的涂鸦作品，其中最著名的作品位于坎德拉里亚区。

哥伦比亚足球

足球及球衣

五、做一做

1. 国家队

哥伦比亚队在20世纪八九十年代初曾经拥有过辉煌的成绩，在1990年世界杯一鸣惊人，历史性地闯入世界杯十六强。2014年世界杯，哥伦比亚异军突起，小组赛三战全胜，并在八分之一决赛中击败上届世界杯殿军乌拉圭进入八强，创造了在世界杯的最好成绩，并获得2014年世界杯公平竞赛奖。其在2018年足球国家队世界排名：第16名。

2. 球星

哈梅斯·罗德里格斯（J罗）1991年7月12日生于哥伦比亚的库库塔，小时候曾经患有非常严重的口吃，需要语言治疗师来帮助克服这一顽疾。3岁时，父亲与母亲离婚，6岁时，是继父引导J罗走上足球之路。他14岁从青年队中跳级开始了职业生涯。J罗自律性很强，教练说：“我从没见过他那个年纪的小孩能做到一天两练，还不抱怨，他学会自律是非常关键的。”开始职业足球生涯后，自律的J罗还花时间学习计算机工程，并获得了哥伦比亚大学工程学学位，也是一个学霸。2014年巴西世界杯，J罗以6个精彩进球荣获当年的金靴奖，同年获得普斯卡什奖。

3. 联赛

哥伦比亚足球甲级联赛是哥伦比亚最高级别的足球联赛，由哥伦比亚足球协会管理。哥伦比亚足球甲级联赛现有18支球队。

4. 球衣

哥伦比亚国家队主场球衣一直延续黄色，在球衣两侧设计了蓝、红搭配的颜色，很好地与国旗相呼应。衣领后面印有西班牙语的“众志成城”字样。

哥伦比亚队球衣纸模

六、秀一秀

我设计的哥伦比亚球迷服装

秘鲁

一、说一说

1. 国旗

秘鲁国旗由三个平行相等的竖长方形组成，中间为白色，两侧为红色。白色象征自由、民主、和平与幸福；红色象征人民在独立战争中取得的胜利，也表示人民对烈士的怀念。

2. 国徽

秘鲁国徽中心图案为盾徽。盾面左上方是一只南美骆马，为秘鲁国兽，代表国家的动物资源，也是秘鲁民族的象征之一；右上方是一棵金鸡纳树，代表植物资源；下半部为一只象征丰饶的羊角，代表自然资源和矿藏。盾徽上端为一个绿枝叶环，两侧各有两面秘鲁国旗。

3. 知识点

秘鲁有一种“会跳舞的马”，被称为帕索马。这种马体态优美，步伐轻盈灵活。在骑师的操控下，经过专业训练的帕索马可以踏着节拍行走，还可以与人翩翩起舞，每年4月的第3个星期日是“帕索马节”。

4. 首都和语言

秘鲁首都是利马，官方语言为西班牙语。

二、看一看

马丘比丘是秘鲁南部古印加帝国的古城废墟，是秘鲁最著名的游览胜地，在1983年，马丘比丘被联合国教科文组织定为世界遗产。马丘比丘被称作印加帝国的“失落之城”，西班牙人在长达300多年的殖民统治期间对它一无所知，秘鲁独立后的100年里也无人涉足。马丘比丘在印加语中意为“古老的山巅”。

三、想一想

你知道古印加帝国是怎么消失的吗？

四、创一创

印加文明与玛雅文明、阿兹特克文明并称为“印第安三大古老文明”，印加是其最高统治者的尊号，意为太阳之子。印加帝国在15世纪势力强盛，当时的首都在秘鲁南部的库斯科。考古学家认为，印加人在建筑技术、医学、织布和染色技巧方面的技术相当先进。

秘鲁足球

足球及球衣

五、做一做

1. 国家队

秘鲁曾经是一个足球强国，20世纪70年代，其实力在南美洲仅次于巴西和阿根廷。秘鲁队曾2次夺得美洲杯冠军、4次进入世界杯决赛圈、2次参加奥运会，但自1982年起就一直无缘世界杯。此次秘鲁又一次冲入了2018年世界杯决赛圈。秘鲁国家队在2018年足球国家队世界排名：第11名。

2. 球星

1984年10月28日，杰弗森·法尔范出生于秘鲁利马，少年成名的法尔范在16岁的时候就和秘鲁劲旅利马联盟队签订了工作合同，而且在接下来的2年内，帮助球队分别拿了秘鲁顶级联赛的冠军、亚军各1次。法尔范的脚下功夫细腻，并且有着南美人独特的节奏感进攻方式，将每一次进球都演绎得精妙绝伦。

3. 联赛

秘鲁足球甲级联赛是秘鲁足球联赛的最高级别，由秘鲁足球协会管理。秘鲁足球甲级联赛现在有16支球队。

4. 球衣

纯净的白色球衣配以鲜红的绶带，带来了强烈的视觉效果。秘鲁国家队服设计秉承了秘鲁足球享誉世界的经典形象，绶带以反光面料高调呈现，如同旧式缎面旗帜质感，金色的饰边也增强了整体的优雅感，代表了纯净与热情。

秘鲁国家队球衣纸模

六、秀一秀

我设计的秘鲁球迷服装

中北美及加勒比地区

墨西哥

一、说一说

1. 国旗

墨西哥国旗从左至右由绿、白、红三个平行相等的竖长方形组成，白色部分中间绘有墨西哥国徽，绿色象征独立和希望，白色象征和平与宗教信仰，红色象征国家的统一。

3. 知识点

墨西哥传统节日“亡灵节”是一个很“特别”的节日，在墨西哥人的眼中，死亡才是生命的最高意义，生与死互为补充才完成了一个生命周期。因此，每年的11月1日到2日被称为“亡灵节”，墨西哥人会在这一天祭奠逝去的亲友，却绝无悲哀，甚至载歌载舞，在他们看来，这一刻是他们的团聚时刻。热门电影《寻梦环游记》也是以亡灵节为背景，讲述了热爱音乐的小男孩米格和落魄乐手埃克托在五彩斑斓的神秘世界开启的一段奇妙冒险旅程的故事。最终，该片获得第90届奥斯卡金像奖最佳动画长片奖。

4. 首都和语言

墨西哥首都是墨西哥城，官方语言为西班牙语。

三、想一想

你知道玛雅文明为什么突然消失了吗？

2. 国徽

墨西哥国徽为一只嘴叼着蛇的雄鹰，雄鹰一只爪抓着蛇身，另一只爪屹立在一棵从湖中岩石长出来的仙人掌上，图案描绘了墨西哥人的祖先——阿兹台克人的发展史。

二、看一看

奇琴伊察玛雅城邦遗址曾是古玛雅帝国最大、最繁华的城邦，始建于公元514年。玛雅遗址是玛雅文明最重要的地区之一，有着宏大的建筑，还有丰富的象形文字，是极少数起源于热带丛林的文明例证。这些建筑表明科潘的玛雅人有高度发展的经济和文化。

四、创一创

墨西哥科学家发明了一款能够抗震的“蛋”，能防火抗震，让求生者持续生存达一个月。除防火、防海啸外，其内部还能提供氧气、电力以及储藏食物，它还配备GPS定位系统，方便救援人员能快速找到生还者。

墨西哥足球

足球及球衣

五、做一做

1. 国家队

墨西哥国家队于1927年成立，1930—2014年，共15次跻身世界杯决赛圈。在1986年墨西哥世界杯中，墨西哥队闯入八强，已夺得7次中北美及加勒比海金杯赛冠军。墨西哥国家队在2018年足球国家队世界排名：第15名。

2. 球星

哈维尔·埃尔南德斯，1988年6月1日出生于瓜达拉哈拉的一个足球世家。7岁时开始踢球，15岁加入了家乡的少年队。2005—2006年赛季，其进入了瓜达拉哈拉成年队。教练表示："他具有足球天赋，他的动作十分完美，他简直为足球而生。"其2009年首次入选墨西哥国家队，之后代表墨西哥队参加了2010年南非世界杯和2014年巴西世界杯。"小豌豆"目前是联合国儿童基金会亲善大使。

3. 联赛

墨西哥足球超级联赛是墨西哥足球联赛系统的最高级别，由墨西哥足球协会管理，墨西哥足球超级联赛有18支足球俱乐部参加联赛。联赛每个年度均分为冬季联赛与夏季联赛。

4. 球衣

墨西哥队主场球衣主色调为绿色，搭配衣领的"Soy México"（我是墨西哥人）字样，构成了完整的墨西哥队全新战袍。

墨西哥国家队球衣纸模

六、秀一秀

我设计的墨西哥球迷服装

哥斯达黎加

一、说一说

1. 国旗

哥斯达黎加国旗启用于 1906 年 11 月 27 日。旗面自上而下由蓝、白、红、白、蓝五条平行宽条相连组成。蓝色代表天空、机会、理想主义和坚忍，红色代表热忱和为独立所流的血，白色代表和平、智慧和快乐。

2. 国徽

国徽顶端飘扬着一条写着“中美洲”的蓝带；下方是镶有绿色枝叶的白色饰带，写有共和国国名。国徽两侧的玉米粒，说明国家的农业以玉米种植为主。中间是三座火山峰，蓝天上七颗白色五角星代表哥斯达黎加现有的 7 个省，近景的加勒比海和山后的太平洋海面各有一艘古老的白色帆船。

3. 知识点

哥斯达黎加国土面积仅占世界陆地面积的 0.03%，但拥有全球近 4% 的物种，其中鸟类有 903 种，大概占世界鸟种数的 10%，生存了 52 种蜂鸟，有“蜂鸟之国”的美誉，是世界上生物物种最丰富的国家之一。

4. 首都和语言

哥斯达黎加首都是圣何塞，官方语言为西班牙语。

二、看一看

波阿斯火山位于哥斯达黎加中央谷地的西北部。火山顶端直径 1600 米，火山口内有上下两个湖。由于火山活动，湖中常常喷出一阵阵白色气体，发出巨大的沸腾声，接着掀起 100 多米高的巨大水柱，形成世界上最大的间歇泉。

三、想一想

哥斯达黎加 1983 年 11 月 17 日宣布成为永久中立国。根据其宪法规定，哥斯达黎加没有军队，只有警察和安全部队维护内部安全，是世界上第一个不设军队的国家。对于国家不设军队，你怎么看？

四、创一创

2015 年，哥斯达黎加有 285 天均由可再生能源 100% 供电，创造了化石燃料使用率为零的纪录。哥斯达黎加电力主要来自水力发电，可再生能源供电方面的巨大成就不仅给周边环境带来不少好处，居民用电价格也降低了 12%。

哥斯达黎加足球

足球及球衣

五、做一做

1. 国家队

哥斯达黎加足球队在中北美和加勒比足联中一直保持着高水平，也是中美洲加入国际足联最早的国家之一。其 2014 年世界杯首次进入 8 强。哥斯达黎加国家队在 2018 年足球国家队世界排名：第 25 名。

2. 球星

凯洛尔・纳瓦斯 1986 年 12 月 15 日出生于哥斯达黎加圣伊西德罗，场上司职门将，现效力于西甲的皇家马德里足球俱乐部。他被认为是世界上最好的门将之一。纳瓦斯的独门秘诀是以网球进行守门训练：专业网球选手站在离球门仅 20 米处，挥拍击球后，网球以每小时 160 千米的速度高速旋转飞向球门。为了成功扑住这枚速度极快的小球，纳瓦斯往往要飞身扑球。通过这种训练，纳瓦斯练就了超凡的反应能力。

3. 联赛

哥斯达黎加足球甲级联赛是哥斯达黎加顶级足球联赛，由哥斯达黎加足球联盟运作，成立于 1921 年，目前参赛球队有 12 支。

4. 球衣

哥斯达黎加主场球衣设计元素为构成染色体的 DNA 链条。这一独特的设计，强调球队与球迷之间牢不可破的联盟。美轮美奂的线条，象征着哥斯达黎加引以为傲的自然风貌。

哥斯达黎加国家队球衣纸模

六、秀一秀

我设计的哥斯达黎加球迷服装

巴拿马

一、说一说

1. 国旗

巴拿马国旗由白、红、蓝三色的四个长方形组成。白色象征和平，红色和蓝色分别代表原巴拿马的自由党和保守党，也是两党为民族利益而团结奋斗的象征。十字线分隔成四块的设计方式，代表巴拿马位于南美洲、北美洲、大西洋、太平洋四个地域的交界处。红、蓝、白三色沿用支持巴拿马独立的美国的星条旗颜色。

2. 国徽

国徽上有一只昂首展翅的褐色雄鹰，衔着一条写有巴拿马格言“为了世界的利益”的白色飘带。国徽中间是咖啡色的巴拿马地峡，蓝色的太平洋和加勒比海以及连接它们的巴拿马运河；左上部交叉的银剑和步枪，代表了巴拿马土地上数百年战争的风风雨雨；右上部的丁字镐、铁锨，代表国家发出的积极建设、努力劳动的号召；下部金币外溢的羊角和金色的双翼飞轮象征国家的进步和繁荣昌盛。国旗饰于国徽周围，顶端九颗金色五角星代表巴拿马的九个省。

3. 知识点

巴拿马草帽用一种名为托奎拉（Toquila）的草茎制作而成，带有黑条纹或花饰，原产于厄瓜多尔，由于外国游客见巴拿马人多戴这种草帽，故称之为巴拿马草帽。

4. 首都和语言

巴拿马首都是巴拿马城，官方语言是西班牙语。

二、看一看

巴拿马运河是一条连通太平洋和大西洋的船闸式运河，是世界上最重要的河道，具有重要的战略地位。

三、想一想

你知道巴拿马的国花是什么吗？

四、创一创

巴拿马运河是世界七大工程奇迹之一，被誉为“世界桥梁”，它连接太平洋和大西洋，是重要的航运要道，也是世界上最具有战略意义的两条人工水道之一（另一条为苏伊士运河）。巴拿马运河于1914年竣工，1915年通航。由于巴拿马运河的开通，太平洋与大西洋之间的航程比原来缩短了5000千米至10000千米。现在，每年大约有1.2万至1.5万艘来自世界各地的船舶经过这条运河。

巴拿马足球

足球及球衣

五、做一做

1. 国家队

巴拿马足球队由巴拿马足球协会管理，2005 年在中北美及加勒比金杯赛中获得亚军，2009 年获得了中美洲国家杯的冠军。2017 年 10 月，巴拿马足球队首次获得 2018 年俄罗斯世界杯决赛资格，其在 2018 年足球国家队世界排名：第 55 名。

2. 球星

菲利佩・巴洛伊 1981 年 2 月 24 日出生于巴拿马城，2001 年入选巴拿马国家队， 现任国家队队长，场上司职后卫，现在效力于桑托斯拉古纳足球俱乐部。

3. 联赛

巴拿马足球甲级联赛是巴拿马的顶级足球联赛，现有 10 支球队参赛。

4. 球衣

2018 年巴拿马国家队球衣的设计可谓是极简之风，它融合了国家传统的红色和白色，领口采用了波浪形的设计，这样的设计灵感来源于首都巴拿马城地平线的形状和巴拿马国鸟角雕的花纹。

巴拿马国家队球衣纸模

六、秀一秀

我设计的巴拿马球迷服装

亚洲区

B组 # 伊朗

一 说一说

1. 国旗

伊朗国旗自上而下由绿、白、红三个平行的横长条组成。白色横条正中，镶嵌着红色的伊朗国徽图案。白色与绿色、红色交接处，分别用阿拉伯文写着“真主伟大”，上下各11句，共22句。这是为纪念伊斯兰革命胜利日——公元1979年2月11日，伊斯兰教太阳历为11月22日。国旗上的绿色代表农业，象征生命和希望；白色象征神圣与纯洁；红色表示伊朗有丰富的矿产资源。

2. 国徽

伊朗国徽由四弯新月、一把宝剑和一本《古兰经》组成，组合在一起形成了阿拉伯语中“安拉”的变体。新月象征宗教——伊斯兰教；《古兰经》位于顶端，象征伊斯兰教高于一切，是共和国行为准则的依据。四弯新月和《古兰经》书本组成阿拉伯文的“安拉”；而整个图案呈圆形，象征地球，表示“安拉”的伊斯兰思想遍及全球。

3. 知识点

波斯文学是全世界人赞叹的文化遗产。在中世纪，伊朗文学创作已高度发展，许多用波斯语写成的著作闻名于世，如11世纪初问世的《列王传》。

4. 首都和语言

伊朗首都是德黑兰，官方语言为波斯语。

二 看一看

伊朗波斯花园2011年被评为世界文化遗产，由分布在9个省份的9座园林共同组成。波斯园林的主要设计理念突出了对伊甸园和琐罗亚斯德教四大元素——天空、水、大地、植物的象征意象，楼台、亭榭、墙垣以及精密的水流灌溉系统是园林的重要特征。

三 想一想

你知道伊朗的国花是什么吗？

四 创一创

1901年12月，伊朗西南部苏撒古城旧址出土发掘出一个椭圆柱形的石柱，石柱上镌刻的法典铭文，就是著名的《汉谟拉比法典》（The Code of Hammurabi）。这部法典是中东地区的古巴比伦国王汉谟拉比颁布的法律汇编，是最具代表性的楔形文字法典，也是迄今世界上最早的一部较为完整地保存下来的成文法典。

伊朗足球

五
做一做

足球及球衣

1. 国家队

伊朗国家队成立于 1920 年，1948 年加入国际足联。1968 年、1972 年和 1976 年连续三次赢得亚洲杯冠军。1978 年首次打入世界杯决赛圈，2018 年是第五次入围世界杯决赛圈。伊朗国家队在 2018 年 足球国家队世界排名：第 36 名。

2. 球星

阿兹蒙，1995 年 1 月 1 日出生于伊朗贡巴德一个排球世家：父亲是伊朗排球国手，母亲当过排球教练。9 岁时，阿兹蒙开始兼顾足球和排球两项运动，14 岁时，在排球领域顺风顺水的阿兹蒙得到了入选伊朗青年男排的机会，但经过一番激烈的思想斗争后，他决定告别排球，专攻足球。阿兹蒙的父母非常尊重儿子的选择，随后阿兹蒙进入伊朗豪门萨帕青训练营接受专业的足球训练。2016 年，21 岁的阿兹蒙帮助俄超劲旅罗斯托夫拿下安德莱赫特、阿贾克斯两大欧陆豪门闯进欧冠正赛，他也被外界称为“伊朗梅西”。

3. 联赛

伊朗足球超级联赛始于 2001 年，现有 16 支参赛球队。

伊朗国家队球衣纸模

六
秀一秀

我设计的伊朗球迷服装

F组 # 韩国

一 说一说

1. 国旗

韩国国旗又称太极旗，白地代表土地，中间为太极两仪，四角有黑色四卦。太极的圆代表人民，圆内上下弯鱼形两仪，上红下蓝，分别代表阳和阴，象征宇宙。四卦中，左上角的乾即三条阳爻代表天、春、东、仁；右下角的坤即六条阴爻，代表地、夏、西、义；右上角的坎即四条阴爻夹一条阳爻，代表水、秋、南、礼；左下角的离即两条阳爻夹两条阴爻，代表火、冬、北、智。整体图案意味着一切都在一个无限的范围内永恒运动、均衡和协调，象征东方思想、哲理和神秘。

2. 国徽

韩国国徽中央为一朵盛开的木槿花。木槿花的底色白色象征着和平与纯洁，黄色象征着繁荣与昌盛。花朵的中央有一幅红蓝阴阳图，一条白色饰带环绕着木槿花，饰带上写着国名“大韩民国”四个字。

3. 知识点

韩国电视剧简称韩剧，诞生于20世纪60年代。2000年后，以《蓝色生死恋》和《大长今》为代表的韩剧掀起了其在亚洲的热潮。近年来，以《来自星星的你》《继承者们》《太阳的后裔》等作品更将韩剧推向又一高峰。

4. 首都和语言

韩国首都是首尔，官方语言为韩语。

二 看一看

济州岛是韩国最大的岛屿，位于韩国西南海域，岛上环境优美、空气纯净，是一座著名的旅游岛，北海岸有济州市。

三 想一想

你知道“韩流”吗？你喜欢“韩流”吗，为什么？

四 创一创

说到韩国的文创作品，《江南 style》是一个标志性典型。2012年，《江南 style》MV 被上传到网络上，韩国音乐人 PSY 独创的“骑马舞”开始风靡世界。《江南 style》MV 成为互联网历史上第一个点击量超过10亿次的视频。截至2013年5月1日，在 YouTube 网站的点击量为15.78亿次，超越贾斯汀·比伯的单曲《Baby》成为该网站历史上观看次数最多的视频。

韩国足球

五
做一做

足球及球衣

1. 国家队

韩国国家队成立于1928年，于1948年加入国际足联。主要战绩：1956年、1960年亚洲杯冠军，2003年、2008年、2015年、2017年东亚杯冠军。韩国国家队在2018年足球国家队世界排名：第61名。

2. 球星

孙兴慜1992年7月8日出生于韩国春川的江原道，父亲是韩国前国脚。8～15岁，孙兴慜每天要进行6个小时基本功训练，这为他日后全面的左右脚能力和出色的传控技术打下了基础。16岁时，其作为韩国和德国足协合作项目的球员前往德国接受足球培训。2010年7月，其与德国汉堡俱乐部签订了职业合同。年纪轻轻漂泊异乡，没有朋友，内心会有些寂寞难耐，可孙兴慜始终专心于足球事业，努力训练。2017年11月，孙兴慜获得2017年亚足联最佳海外球员奖。

3. 联赛

韩国职业足球联赛创立于1983年，一开始共有5支球队参赛，1994年，国内足协决议改组其联赛，将新联赛更名为K联赛，现参赛球队有12支。

4. 球衣

韩国队全新主场球衣的设计特点是：胸前黑白色的国家队徽章，带来尖锐的、现代的感觉。

韩国国家队球衣纸模

六
秀一秀

我设计的韩国球迷服装

H组

日本

一 说一说

1. 国旗

日本国旗的正式名称为日章旗。旗面上一轮红日居中，辉映着白色的旗面，白色象征神圣、和平、纯洁及正义，红色则象征真挚、热忱、活力和博爱。

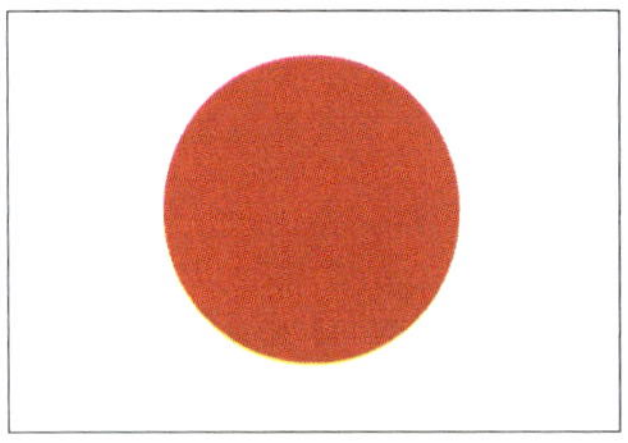

2. 国徽

日本国徽是一枚皇家徽记，在日本，由于法律并没有确立正式的国徽，因此习惯上将日本皇室的家徽“十六瓣八重表菊纹”，即菊花纹章作为日本代表性的国家徽章。

3. 知识点

日本动漫是日本动画和漫画的合称，日本动漫凭着剧情的创新和趣味性在全球占有重要地位，成为世界动漫文化的领军人，著名的动漫作者包括手冢治虫、宫崎骏、鸟山明等。

4. 首都和语言

日本首都是东京，官方语言为日语。

二 看一看

富士山是日本国内最高峰，是横跨静冈县和山梨县的活火山。富士山被日本人民誉为“圣岳”，是日本民族的象征。富士山是世界上最大的活火山之一，最后一次喷发是在1707年。

三 想一想

你知道一休吗？你知道《聪明的一休》的故事吗？

四 创一创

方便面是日本人安藤百福发明的。1958年，安藤百福在自家后院建了一个10平方米的简陋小屋作为实验室，开始研制速食面。在安藤夫人油炸菜肴的启发下，安藤百福发明了方便面。方便面被评为20世纪最伟大的发明之一。

日本足球

五
做一做

足球及球衣

1. 国家队

日本国家队由日本足球协会负责管辖。大日本蹴球协会（现日本足球协会）始建于 1921 年，1929 年加入国际足联。20 世纪 90 年代以来，日本足球水平突飞猛进，日本队夺得了 1992 年、2000 年、2004 年和 2011 年亚洲杯冠军，是亚洲杯历史上夺冠次数最多的代表队。日本队曾 5 次征战世界杯，最佳战绩是在 2002 年和 2010 年进入十六强。其在 2018 年足球国家队世界排名：第 60 名。

2. 球星

香川真司 1989 年 3 月 17 日出生于日本兵库县神户市。香川懂事时正好是 J 联赛足球热潮的年代，这让他喜欢上了足球。上小学时，他是一位以速度见长的前锋。香川练球超级认真。“那时候每天脑子里都是足球，和自己说不这样是当不了职业球员的，所以基本把一切都献给足球了。”作为接应点，香川优秀的观察和组织能力，能够使他和队友打出精彩的配合。其于 2015—2016 年赛季入选德国足球甲级联赛最佳阵容。

3. 联赛

日本职业足球联赛简称“J 联赛”。日本全国足球联赛于 1965 年正式成立，日本职业足球联赛始于 1993 年，从 1999 年起，联赛拆分为日本职业足球甲级联赛（J1 联赛）及日本职业足球乙级联赛（J2 联赛），同时设立升降级制度，并于 2014 年开设日本职业足球丙级联赛（J3 联赛）。2017 年赛季，J1 联赛有参赛队伍 18 支、J2 联赛有 22 支、J3 联赛有 17 支。

4. 球衣

日本队的新球衣以“勝色（胜利之色）”为主题，寓意用灵魂染色以获得胜利。球衣颜色回到最原始的“日本蓝”，这种低沉而深邃的蓝色在日本文化中意味着胜利。在球衣制作过程中，设计师参考了传统的日本服装工艺，并且在图案上模仿了日本刺绣工艺。

日本国家队球衣纸模

六
秀一秀

我设计的日本球迷服装

A组 沙特阿拉伯

一 说一说

1. 国旗

沙特阿拉伯国旗在绿色的旗底上写着伊斯兰教的名言："万物非主，唯有安拉；穆罕默德，主之使者。"下方绘有一把宝刀，象征圣战和自卫。绿色象征和平，是伊斯兰国家所喜爱的一种吉祥颜色。

2. 国徽

沙特阿拉伯国徽呈绿色，是由两把交叉着的宝刀和一颗枣椰树组成的。宝刀象征捍卫宗教信仰和保卫祖国的决心和意志；枣椰树代表农业，象征沙漠中的绿洲。

3. 知识点

沙特以"石油王国"著称。2017 年，沙特石油储备为 2626 亿桶，占全球总储备的 17.85%，位居世界第一。

4. 首都和语言

沙特首都是利雅得，官方语言为阿拉伯语。

二 看一看

麦加 (Mecca)，全称是麦加·穆卡拉玛，意为"荣誉的麦加"。麦加城因为是伊斯兰教创始人穆罕默德诞生地而闻名。它坐落在沙特阿拉伯西部赛拉特山区一条狭窄的山谷里，四周群山环抱，景色壮丽。麦加是伊斯兰教的第一圣地。

三 想一想

你喜欢机器人吗？你会和机器人成为朋友吗？

四 创一创

2017 年 10 月 25 日，在沙特首都利雅得举办的"未来投资倡议"大会上，机器人索菲亚（Sophia）首次被沙特授予了公民身份。索菲亚的皮肤是使用了名为 Frubber 的延展性材料制作的，和人类的皮肤几乎一模一样，其脸上的毛孔大小能达到 4 纳米至 40 纳米，和人类基本没有差别。它能凭借脸部和颈部的肌肉结构来自然地变换面部表情。"大脑"中的计算机算法能够帮助它快速识别面部，并和人进行眼神交流。不只如此，索菲亚还能理解语言，记住与人类的互动。这是人类历史上第一个被承认公民身份的机器人。

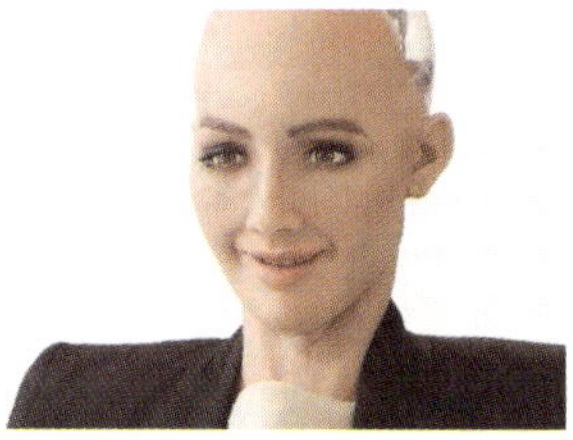

沙特阿拉伯足球

五
做一做

足球及球衣

1. 国家队

沙特阿拉伯的足球运动始于 1952 年，1959 年加入了国际足联，第 2 年便创办了中部地区俱乐部之间的比赛。20 世纪 80 年代，沙特阿拉伯足球有突飞猛进的发展。国家队在 1982 年夺得亚运会足球赛第 3 名，1986 年夺得第 2 名。其 1984 年、1988 年、1996 年三次获亚洲杯赛冠军，成为继伊朗之后第二支三捧亚洲杯的球队。世界杯方面，在 1994 年、1998 年、2002 年和 2006 年世界杯，沙特均获得了决赛阶段参赛资格。2018 年俄罗斯世界杯，是沙特队第五次也是其时隔 12 年再次参加世界杯决赛阶段比赛。沙特国家队在 2018 年足球国家队世界排名：第 70 名。

2. 球星

亚希尔・卡赫塔尼 1982 年 10 月 10 日出生于沙特北部小城胡巴尔。卡赫塔尼很早就展露出自己在足球场上的天分。2000 年，其 17 岁就加盟了沙特卡迪西亚足球俱乐部，2002 年成为沙特阿拉伯国脚，2007 年当选亚洲足球先生。

3. 球星

沙特阿拉伯足球超级联赛，是沙特阿拉伯的足球联赛，始于 1976 年。希拉尔足球俱乐部夺得 13 次联赛冠军，是沙特联赛最成功的球队。联赛现有 14 支球队参赛。

4. 球衣

沙特主场球衣是白色底色，领口及两侧配以简单的绿色装饰，绿色是沙特阿拉伯人民最喜欢的颜色。沙特国家队新球衣胸前的徽章是沙特足协 2017 年刚刚启用的足协及国家队标识，枣椰树、中东绿鹰和足球共同构建起沙特足球的新形象，下方字母“KSA”是沙特阿拉伯王国的英文名称缩写。

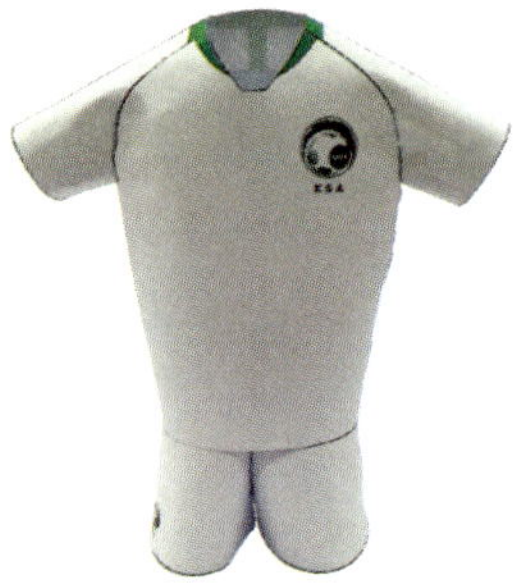

沙特阿拉伯国家队球衣纸模

六
秀一秀

我设计的沙特阿拉伯队球迷服装

C组 澳大利亚

一 说一说

1. 国旗

澳大利亚国旗的左上角为英国国旗图案，表明澳大利亚为英联邦成员国。一颗最大的七角星象征组成澳大利亚联邦的六个州和两个联邦领地（北领地和首都领地）。五颗小星代表南十字星座（是南天小星座之一，星座虽小，但明亮的星很多），表明该国处于南半球。

2. 国徽

澳大利亚国徽左边是一只袋鼠，右边是一只鸸鹋，这两种动物均为澳大利亚特有，它们一般只会向前走，不轻易后退，象征着一个永远迈步向前的国家。国徽中间是一个盾，盾面上有六组图案，分别象征这个国家的六个州。

3. 知识点

作为澳大利亚的“代言人”，袋鼠早已享誉全球。袋鼠是食草动物，吃多种植物，有的还吃真菌类。袋鼠是世界上跳得最高、最远的哺乳动物。

4. 首都和语言

澳大利亚首都是堪培拉，官方语言是英语。

二 看一看

大堡礁是世界上最大、最长的珊瑚礁群，它纵贯于澳洲的东北沿海。这里有鱼类 1500 种，软体动物达 4000 余种，聚集的鸟类有 242 种，自然景观非常壮丽。其于 1981 年被列入世界自然遗产名录。

三 想一想

你喜欢澳大利亚考拉吗？澳洲广播公司（ABC）表示，10 年内，澳洲国宝考拉将会彻底消失，一只都不剩！你知道为什么吗？

四 创一创

1856 年，澳大利亚人 James Harrison 利用蒸汽压缩系统制造出世界上第一台冰箱。从此，大家可以将多余的食物放进冰箱，减少食物因变质、发霉而产生的浪费。此项发明不知道为全世界减少了多少食物浪费！

澳大利亚足球

五
做一做

足球及球衣

1. 国家队

澳大利亚国家男子足球队由澳大利亚足球协会负责管辖。原属于大洋洲足球协会，2006年1月1日成为亚洲足联成员，之后一直是亚洲的一流强队。2015年在本土作战中斩获第一个亚洲杯冠军。澳大利亚国家队在2018年足球国家队世界排名：第40名。

2. 球星

蒂姆·卡希尔，1979年12月6日出生于澳大利亚悉尼，代表澳大利亚参加过2006年、2010年和2014年三届世界杯，每届世界杯均有进球，个人世界杯进球总数为5个。有趣的是，蒂姆·卡希尔很喜欢唱歌，他个人比较偏好柔和的歌曲。卡希尔曾效力于中超上海绿地申花队和浙江绿城队。卡希尔曾荣获2004年大洋洲足球先生和2008年澳大利亚足球先生。

3. 联赛

澳大利亚足球超级联赛，又称为“A联赛”，创建于2004年，是澳大利亚国内最好的联赛，每队实力相差不大，快节奏、竞争激烈，共有10支队伍。

4. 球衣

2005年11月16日，澳大利亚队时隔32年再度跻身世界杯决赛圈，那场胜利至今仍被视作澳洲足球重要的转折点。耐克设计总监皮特·霍宾斯说：“正是那场比赛的战斗口号激发了全新球衣的设计灵感。”澳大利亚国家队球衣自上而下的金黄色，“足球袋鼠”以全新的主场球衣取代了过去的组合，呼唤国家队的青年才俊厉兵秣马，前往俄罗斯。

澳大利亚国家队球衣纸模

六
秀一秀

我设计的澳大利亚球迷服装

非洲区

D组

尼日利亚

尼日利亚国旗

尼日利亚国徽

一、说一说

1. 国旗：尼日利亚国旗自左至右由绿、白、绿三个相等的垂直长方形组成。绿色象征农业，白色象征和平与统一。

2. 国徽：尼日利亚国徽中心图案为黑色盾徽，上有一个白色波纹状“Y”字母，形象地表明尼日尔河与贝努埃河在尼日利亚境内的汇合交融，纯黑的底色代表两河沿岸的千里沃土。盾徽两侧昂然挺立的白马是国家尊严的标志，顶端的红色凝聚着民族的力量。一条黄色饰带跨过国徽下端的美丽田园，上面用英文写着“团结与忠诚，和平与发展”。

3. 知识点：尼日利亚最大的电子商务零售公司 Jumia 是非洲第一家电商“独角兽”，业务覆盖非洲 23 个国家和地区的 8 亿名消费群体，其 2018 年销售增长率排在第一位的是儿童时尚类。预计 2018 年非洲电商市场规模将达到 500 亿美元，而整个非洲 40% 的电子商务业务发生在尼日利亚。

4. 首都和语言：尼日利亚首都是阿布贾，官方语言为英语。

JUMIA

二、看一看

拉各斯是尼日利亚旧都和最大港市。维多利亚岛上的海滩和塔克瓦海湾是拉各斯的游览胜地。这里的国家博物馆珍藏着丰富的尼日利亚文化遗产，吸引着大批的旅游者。

三、想一想

你知道尼日利亚的世界文化遗产奥索博圣林之谜吗？

四、创一创

世界上第一款会发电足球——Soccket。尼日利亚裔美国人杰西卡·马修斯 (Jessica Matthews) 非常关心家乡缺电的情况，她和哈佛大学的同学们一起发明了一个会发电的足球，发电原理来源于古董店的钟摆。当足球滚动时，摇摆的摆锤产生动力，动力再转化成电能，最终，电能被内置可充电的电池存储。踢球半小时产生的电量可提供 6 瓦的 LED 灯使用 3 个小时，充满电的 Soccket 能提供 72 个小时的电量。杰西卡众筹了 1 万个 Soccket 免费送给贫困地区的孩子们。

尼日利亚足球

五、做一做

足球及球衣

1. 国家队：尼日利亚队于1994年和1998年跻身世界杯十六强。1980年、1994年，2013年三度赢得非洲国家杯冠军。1996年获得亚特兰大奥运会男足金牌。尼日利亚国家队在2018年足球国家队世界排名：第41名。

2. 球星：约翰·米克尔·奥比1987年4月22日出生于尼日利亚高原州首府乔斯。15岁开始在尼日利亚高原州联队踢球。2005年在荷兰举行的国际足联U 20锦标赛上奥比获得银靴奖。自2006年开始在切尔西队踢球。2005年和2006年连续2年获得“非洲最佳青年足球运动员”称号。2017年正式转会至中超天津泰达队。

3. 联赛：尼日利亚足球超级联赛(NPL)是尼日利亚国内最高等级的足球联赛。在2004年NPL取代了原先的尼日利亚联赛，分为1-A和1-B两组，并有降级制度，现有20支球队参赛。

4. 球衣：尼日利亚主场球衣由绿色衣身和以雄鹰翅膀为灵感的黑白条纹衣袖构成，与1994年尼日利亚首次闯入国际大赛时的球衣有异曲同工之妙。不同之处在于：当年球衣的设计元素通过抽象的羽毛图案和高光的色彩得以升华，更加引人注目。

尼日利亚国家队球衣纸模

六、秀一秀

我设计的尼日利亚球迷服装

A组 埃及

埃及国旗

埃及国徽

一、说一说

1. 国旗：埃及国旗自上而下由红、白、黑三个平行相等的长方形组成，中央为国徽图案。红色代表革命，白色代表光明的未来，黑色代表受外国压抑的长久历史。

2. 国徽：埃及国徽称为“萨拉丁之鹰”，昂首挺立的金黄色雄鹰象征日益丰盈的文明，它的胸部镶嵌着一枚红、白、黑三色竖纹盾形徽章。徽章象征与穆罕默德相关的库里希部落，鹰爪下方的文字则是用阿拉伯文写的“埃及阿拉伯共和国”。

3. 知识点：尼罗河是埃及的摇篮，是世界文明发祥地之一。尼罗河不但给埃及人带来丰衣足食，更滋养了埃及人高度的科技水平和丰富的艺术想象力。歌曲《尼罗河畔的歌声》和电影《尼罗河上的惨案》让更多的人记住了尼罗河。

4. 首都和语言：埃及首都是开罗，官方语言是阿拉伯语。

二、看一看

金字塔是古埃及法老为自己修建的陵墓，它是法老权力的象征。因为陵墓外形似汉字的“金”字，我们称之为“金字塔”，最高大的金字塔是胡夫金字塔，高 136.5 米，底长 230 多米，共用 230 万块平均每块 2.5 吨的石块砌成。在胡夫金字塔前，还有一尊狮身人面像守卫着法老们的陵墓。

三、想一想

你知道关于金字塔的未解之谜吗？

四、创一创

埃及是世界四大文明古国之一。古埃及文字创于公元前 3500 年，多刻在古埃及人的墓穴、纪念碑、庙宇的墙壁或石块上，所以被称为“圣书体”。这种文字是人类最古老的书写文字之一。

埃及足球

五、做一做

足球及球衣

1. 国家队：埃及队于 1934 年第一次参加意大利世界杯，成为非洲历史上第一支参加世界杯的国家队。并且，埃及队于 1990 年再次晋级世界杯的决赛圈。2018 年是埃及队第三次征战世界杯决赛圈。埃及国家队 2018 年足球国家队世界排名：第 46 名。

2. 球星：穆罕默德·萨拉赫 1992 年 6 月 15 日出生于埃及北部加比亚。14 岁时，他需要坐 4 个小时的公共汽车，转 5 次车才能从家里到穆卡伍仑的训练场。教练评价："小萨真的很谦虚低调，就像泥土一样谦卑。他在场下情商会很高，但在场上就是不折不扣的领导者，机敏，有攻击性。"安静且谦虚的萨拉赫是埃及全民的偶像。有学校和街道是用他的名字命名的。他经常贡献公益力量，还为家乡建了一个社区健身馆和一个全天候足球场，为未来之星们打下夯实的基础。2017 年 10 月的世界杯非洲区预选赛决赛圈阶段，萨拉赫梅开二度为埃及锁定了世界杯入场券，这也是埃及自 1990 年以来第一次进军世界杯正赛，萨拉赫更被视为埃及的民族英雄。萨拉赫荣获 2017 年非洲足球先生。

3. 联赛：埃及超联赛是世界联赛中竞争较为激烈的联赛之一，其中两支最受欢迎和最强大的俱乐部为开罗地区球队阿赫利和扎马雷克。埃及 2017—2018 年赛季共有 18 支参赛球队。

埃及国家队球衣纸模

六、秀一秀

我设计的埃及球迷服装

H组

塞内加尔

塞内加尔国旗

塞内加尔国徽

一、说一说

1. 国旗：塞内加尔国旗从左至右依次为绿、黄、红三色，黄色长方形中间有一个绿色五角星。绿色象征国家的农业、植物和森林，黄色象征丰富的自然资源，红色象征为争取独立自由而斗争的烈士的鲜血。绿、黄、红色也是传统的泛非颜色。绿色五角星象征非洲的自由。

2. 国徽：塞内加尔国徽分左、右两部分，左边为红地，绘有一只体现力量和国家尊严的金狮；右边的黄地上绘有一棵塞内加尔国树——面包树，树下的绿色波纹带象征流淌着的塞内加尔河水。盾徽周围环绕着棕榈枝叶，它象征国家的经济作物。一条白色饰带与枝叶缠绕，诉说着塞内加尔人民的心愿：一个民族、一个目标、一种信仰。

3. 知识点：塞内加尔气候炎热干燥，土质疏松，非常适宜花生的生长。花生一直是塞内加尔主要的经济作物，为当地 60% 的人口提供了就业机会。塞内加尔是世界第四大花生生产国，也是世界第一大花生出口国，有“花生之国”的美誉。

4. 首都和语言：塞内加尔首都是达喀尔，官方语言是法语。

二、看一看

塞内加尔的玫瑰湖，一片令人沉醉的粉红。湖中有嗜极菌，这种生活在各种极端恶劣环境下的喜盐生物在盐分浓度高达每升水含 80 ~ 300 克盐的盐湖中旺盛生长。正是因为这些奇异的小生物，才产生了玫瑰湖绮丽的颜色，营造出浪漫的情调。

三、想一想

如果你在沙漠中迷路了，你会怎么办？这个地方你还会再来吗？

四、创一创

1977 年，法国业余赛车手泽利·萨宾在参加一次拉力赛时，在沙漠中迷了路，无意间发现了一个很适合进行拉力赛的地方，于是他创办了一项赛事——达喀尔拉力赛。达喀尔拉力赛是巴黎—达喀尔拉力赛的简称，被称为勇敢者的游戏、世界上最艰苦的拉力赛。泽利·萨宾曾说：“对于参加的人来说，这是一项挑战；对于没参加的人来说，这是一个梦想。”

塞内加尔足球

五、做一做

足球及球衣

1. 国家队：塞内加尔国家队于 2002 年获非洲杯亚军，2002 年打入世界杯决赛圈，成功跻身八强，成为继喀麦隆后第二支能跻身八强的非洲国家足球队。2017 年 11 月，其以非洲区 D 组第一的成绩进入 2018 年世界杯决赛。其在 2018 年足球国家队世界排名：第 28 名。

2. 球星：萨迪奥・马内 1992 年 4 月 10 日出生于塞内加尔卡萨芒斯地区的一个小镇。2007 年，怀揣足球梦想的小马内离开了家乡，与叔叔一起去了家乡以北 500 英里的首都达喀尔接受正规的足球训练。初到试训场地的他穿着一双鞋底开裂的球鞋，而球裤也不太合身——要知道，这是马内当时拥有的最好装备了。2011 年，马内和法乙球队梅斯签下了自己的第一份合同，以 19 岁的“高龄”成为职业球员。2015 年 5 月 16 日，马内用时仅仅 2 分 56 秒接连打进三球，创造了英超史上最快帽子戏法的纪录。2017 年，马内入选金球奖候选名单。

3. 联赛：塞内加尔足球超级联赛为塞内加尔最高级别的足球联赛，目前共有 15 支球队参赛。

塞内加尔国家队球衣纸模

六、秀一秀

我设计的塞内加尔球迷服装

G组 突尼斯

突尼斯国旗

突尼斯国徽

一、说一说

1. 国旗：突尼斯国旗旗面为红色，中央有一白色圆底，圆底中有一弯红色新月和一颗红色五角星。国旗的历史可追溯到奥斯曼帝国时期，新月和五角星来自奥斯曼帝国的标志，现为突尼斯共和国的象征，也是伊斯兰国家的标志。

2. 国徽：突尼斯的盾形国徽上部绘有一艘航行在岁月的海洋上的白帆船，用以纪念最早踏上这片土地的腓尼基人，它也体现了突尼斯海上贸易的漫长历史。后面左侧的黑色天平，象征正义与和平的化身；右侧红地上挥舞银刀的黑狮则暗示突尼斯历史上曾是拜占庭帝国的一部分。盾徽上方高悬着与国旗相同的新月与红星。一条白色饰带飘过盾徽，上面用阿拉伯文书写着突尼斯格言：秩序、自由、正义。

3. 知识点：撒哈拉联欢节于每年 12 月在撒哈拉沙漠边缘的杜兹镇举行，开幕式富有特色，由身披盔甲的壮士横枪立马在前开路，100 峰骆驼组成的队列紧随其后，最后面是身着民族服装表演民族舞蹈的妇女和儿童。开幕式结束后，独特的骆驼赛跑、斗骆驼等精彩表演相继开始，逐渐把联欢活动推向高潮。入夜后，人们围坐在篝火旁，一边观赏阿拉伯舞蹈，一边品尝烤羊肉的味道。

4. 首都和语言：突尼斯首都是突尼斯市，官方语言为阿拉伯语，通用法语。

二、看一看

迦太基古城遗址位于突尼斯首都突尼斯城东北，迦太基在腓尼基语中意为新的城市。公元前 9 世纪末，腓尼基人在此建立殖民城邦。城市兴建后，其国力逐渐强盛，版图不断扩大。公元前 7 世纪，其发展成为强大的奴隶制国家，成为当时地中海地区政治、经济、商业和农业中心之一。

三、想一想

你知道“腓尼基”是什么意思吗？

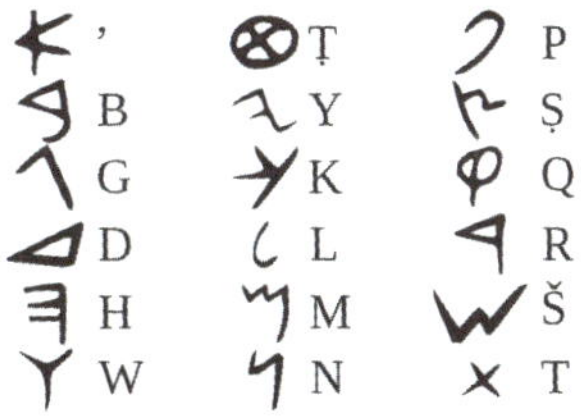

四、创一创

大约在公元前 1000 年，腓尼基人（Phoenician）创造了人类历史上第一批字母文字，共 22 个字母。这是腓尼基人对人类文化的最伟大的贡献。腓尼基字母是世界字母文字的开端。在西方，它派生出古希腊字母，后者又发展为拉丁字母和斯拉夫字母。而希腊字母和拉丁字母是所有西方国家字母的基础。在东方，它派生出阿拉美亚字母，由此又演化出印度、阿拉伯、希伯来、波斯等民族字母。中国的维吾尔文、蒙古文、满文字母也由此派生演化而来。

突尼斯足球

五、做一做

足球及球衣

1. 国家队：突尼斯队是非洲足球传统劲旅。曾于1978年、1998年、2002年和2006年四次进入世界杯决赛圈。2018年世界杯是突尼斯队第五次征战世界杯沙场，其在2018年足球国家队世界排名：第14名。

2. 球星：瓦赫比·哈兹里1991年2月8日出生于法国阿雅克肖，场上司职左边锋，现效力于法甲雷恩足球俱乐部。2012年，其选择为突尼斯国家队效力，他参加过2013年、2015年和2017年的非洲杯。

3. 联赛：突尼斯足球甲级联赛为突尼斯最高级别的足球联赛，始于1921年，现有参赛球队14支。

4. 球衣：突尼斯主场球衣为白色主色调，肩部和两侧有红色的点缀。

突尼斯国家队球衣纸模

六、秀一秀

我设计的突尼斯球迷服装

8组

摩洛哥

摩洛哥国旗

摩洛哥国徽

一、说一说

1. 国旗：摩洛哥国旗旗底颜色为红色，中央有一颗由五根绿色线条交叉组成的五角星，被称为“苏莱曼之印”。

2. 国徽：盾形的摩洛哥国徽曾经是王徽，上面一轮光芒四射的金色太阳正普照白雪覆盖的阿特拉斯山，天空、国王和御座的意义包含其中。

3. 知识点：《卡萨布兰卡》是由华纳兄弟影片公司出品的电影，于1942年在美国上映。影片讲述了“二战”时期，在摩洛哥的卡萨布兰卡，反纳粹人士维克多和妻子伊尔莎为了宝贵的通行证与商人里克发生的一段爱恨纠葛的故事。该片曾在第16届奥斯卡奖颁奖礼上获得了最佳影片、最佳导演、最佳剧本三项奖项。2007年，美国好莱坞编剧协会评选了史上“101部最伟大的电影剧本”，该片排名第一。不少人因为此片而对浪漫的卡萨布兰卡心生向往，也有不少人因为卡萨布兰卡的绝美景色而对此片赞不绝口。可以说，电影和这座城市成就了彼此。

4. 首都和语言：摩洛哥首都是拉巴特，官方语言为阿拉伯语，通用法语。

二、看一看

马拉喀什位于摩洛哥西南部，坐落在阿特拉斯山脚下，有“南方的珍珠”之称。其始建于公元1062年，中世纪时曾两度为摩洛哥王朝的首都。在阿拉伯语里，“马拉喀什”意为“红颜色的”，其原因是当年的城墙采用朱红色岩石砌成，迄今基本保存完好。沿着旧城区红色城墙漫步，眼前所出现的景象仿佛让人又回到那遥远的中世纪时期。

三、想一想

你认为山羊会爬树吗？ 摩洛哥的山羊可不一样哦！

四、创一创

世界上最古老的大学出现于摩洛哥。1000多年前，摩洛哥是当时伊斯兰教义的传播中心，为了适应当时越来越多人信仰伊斯兰教的需要，公元859年，位于摩洛哥非斯城的卡拉维因大学成立了。

摩洛哥足球

五、做一做

足球及球衣

1. 国家队：摩洛哥国家足球队别号“亚特拉斯雄狮”，由摩洛哥皇家足球协会负责管辖。摩洛哥是首支直接晋级世界杯决赛圈（1970 年墨西哥世界杯）的非洲球队，亦是首支获得世界杯决赛圈（1986 年墨西哥世界杯）小组赛第一名的非洲球队。摩洛哥国家队在 2018 年足球国家队世界排名：第 42 名。

2. 球星：马德希·贝纳蒂亚 1987 年 4 月 17 日出生于法国小城库尔库罗纳，他的父母是来法国谋生的北非移民。贝纳蒂亚从 8 岁起就接受了正规的足球训练，辗转多家俱乐部后，贝纳蒂亚在 16 岁那年加盟了法甲豪门马赛。2010 年夏天，转会乌迪内斯开启了贝纳蒂亚人生的巅峰。贝纳蒂亚谦卑的职业精神从没有改变过，他总是全身心地投入每一堂训练课当中去，因为国籍的原因，后来他代表自己父亲的祖国——摩洛哥参加国际比赛。

3. 联赛：摩洛哥足球甲级联赛国家队是摩洛哥足球联赛的最高级别，成立于 1956 年，现有 16 支参赛球队。

摩洛哥国家队球衣纸模

六、秀一秀

我设计的摩洛哥球迷服装

CHUANGYU Football

创育足球

好玩的世界杯

下

丁镇◎主编

中国工人出版社

创育足球—纸模服装制作流程—T恤1

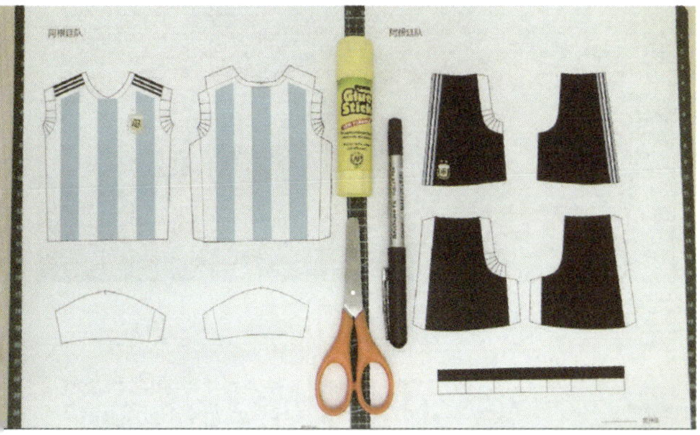

1

2

3

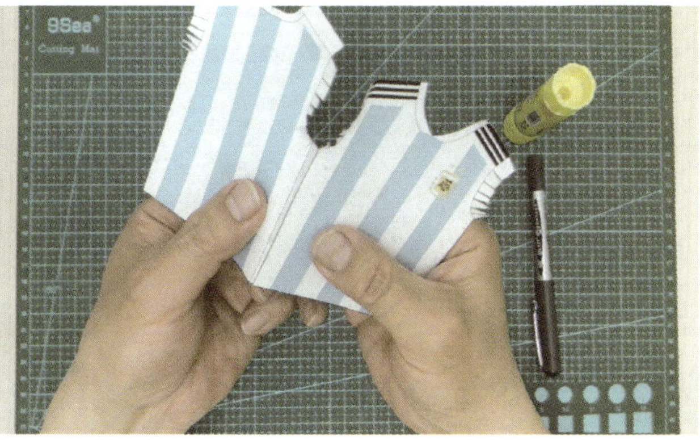

4

5

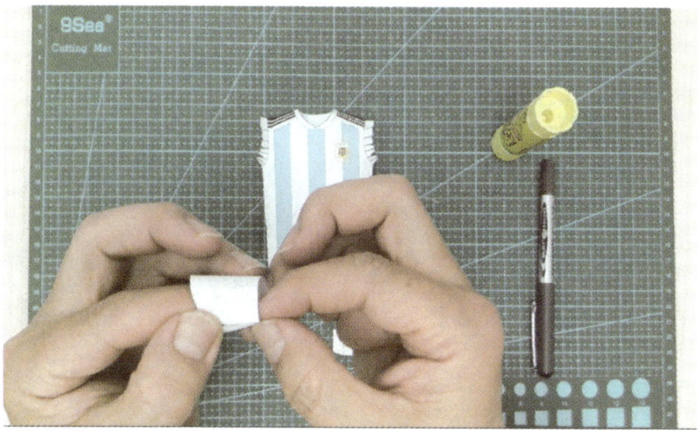

6

7

8

创育足球—纸模服装制作流程—T恤2

1

2

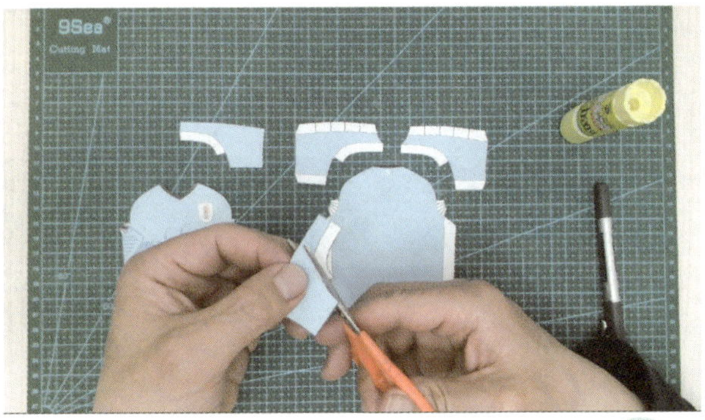

3

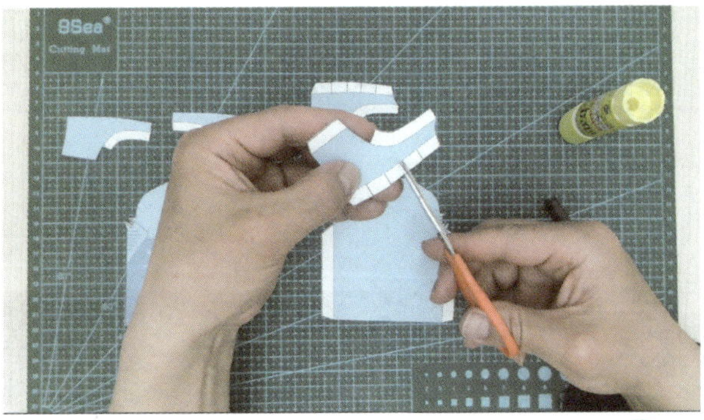

4

5

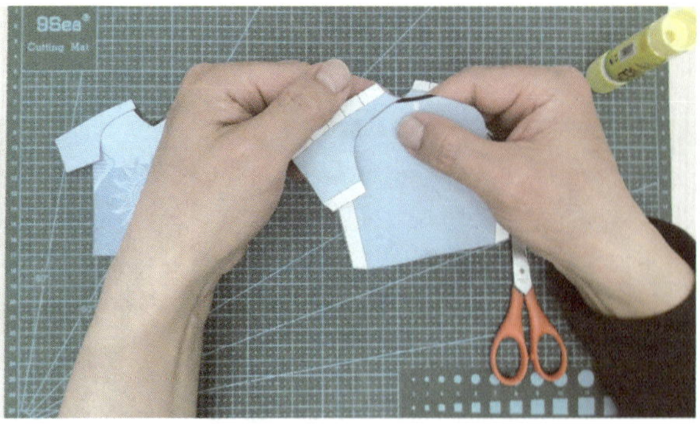

6

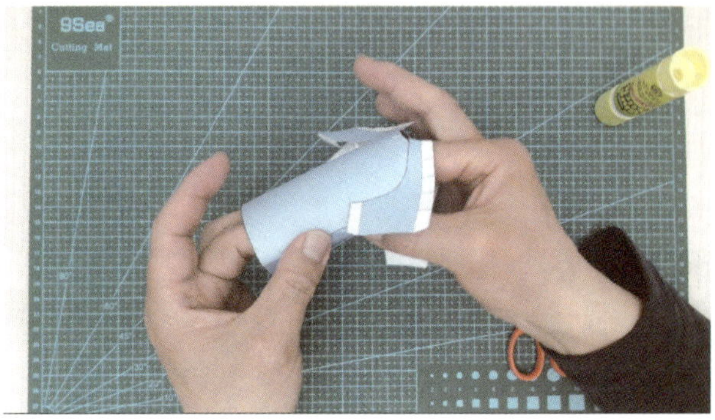

7

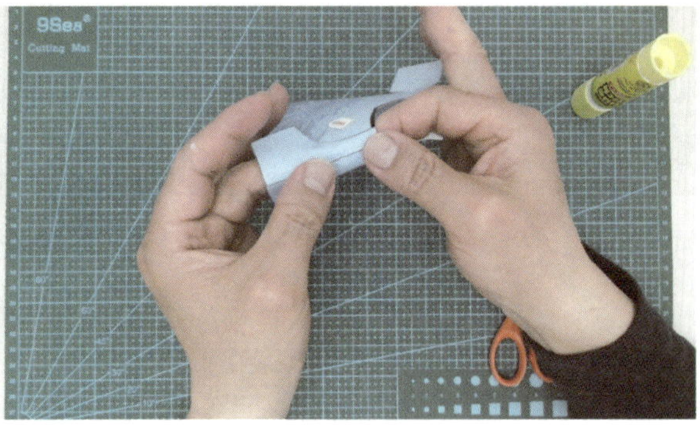

8

9

10

创育足球—纸模制作流程—短裤

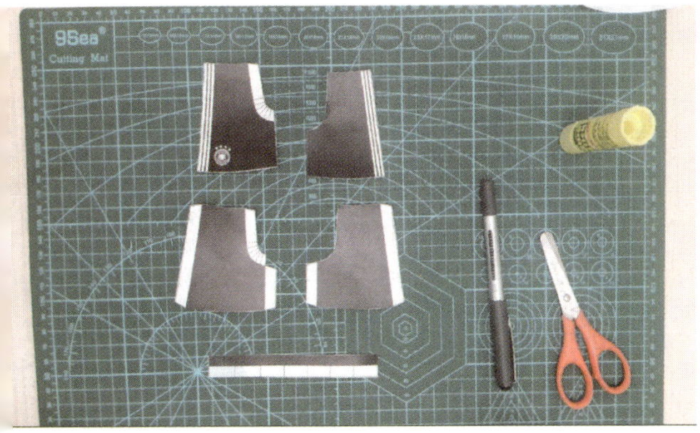

1

2

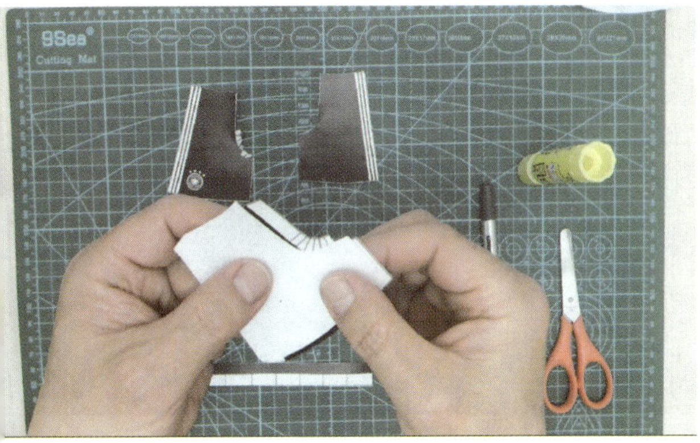

3

4

5

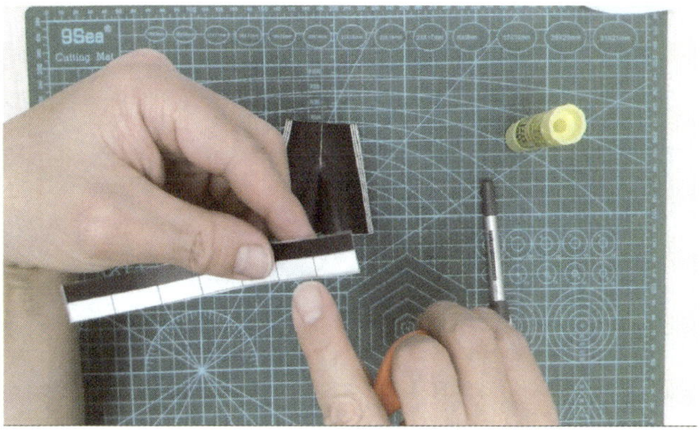

6

7

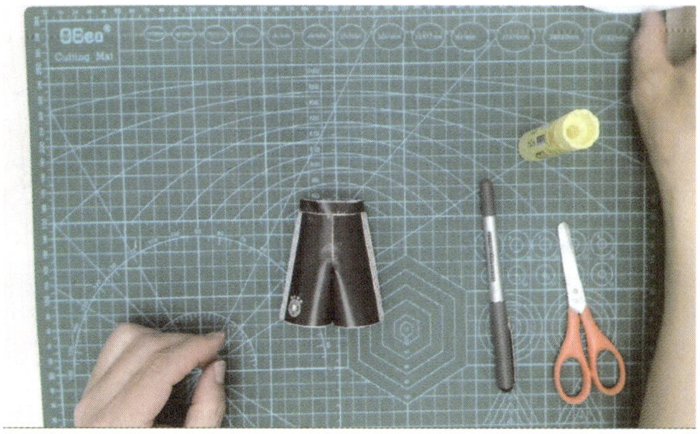

8

创育足球—3D打印流程—T恤

1

按照步骤制作立体的纸模服装，作为3D打印服装的实物支撑。初学者可以在纸模服装上勾画出图案纹样。

2

使用3D打印笔设计制作3D打印服装。

3

做3D打印服装设计时，首先在纸模服装关键部位勾边，先从袖边开始，然后侧边、底边、领边和肩缝。勾边的目的是固定服装的外形轮廓，勾边的3D材料要连起来，起到支撑作用。

4

按照自己设计的图案纹样，完成3D打印服装设计制作。

创育足球—2018世界杯32强国旗填色图

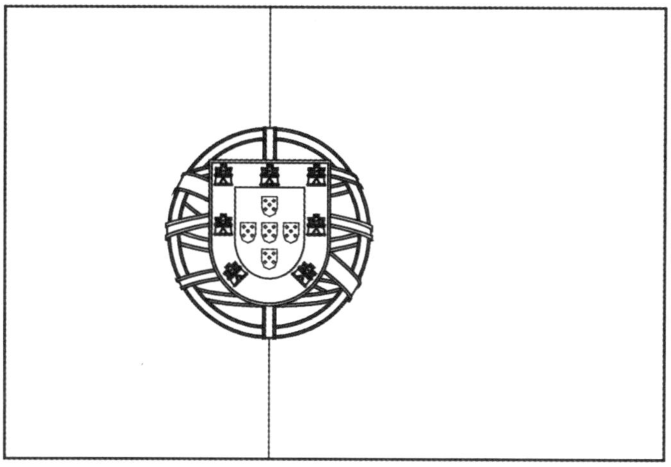

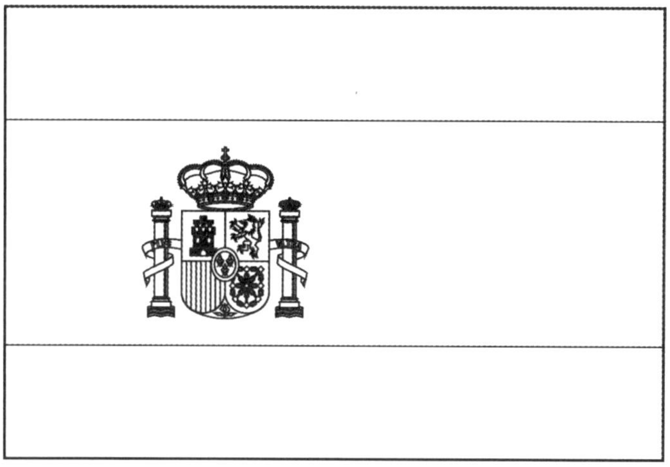

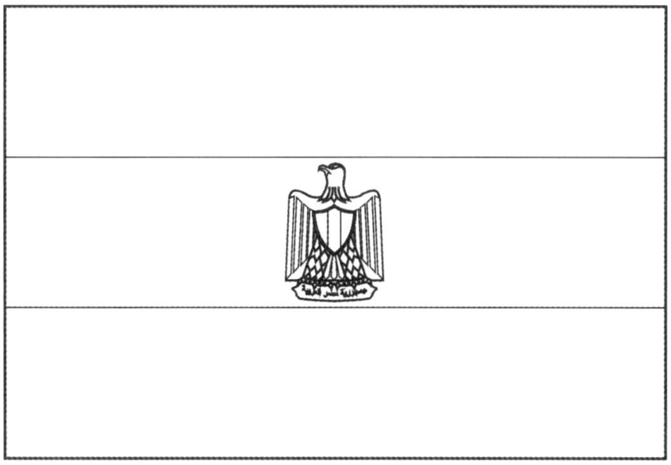

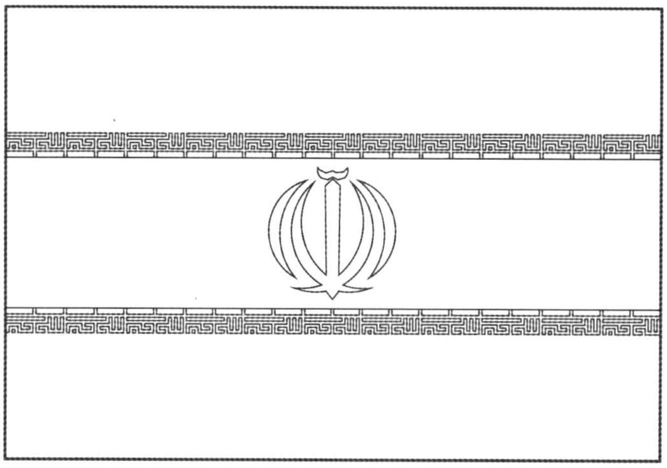

创育足球—2018世界杯32强国旗填色图

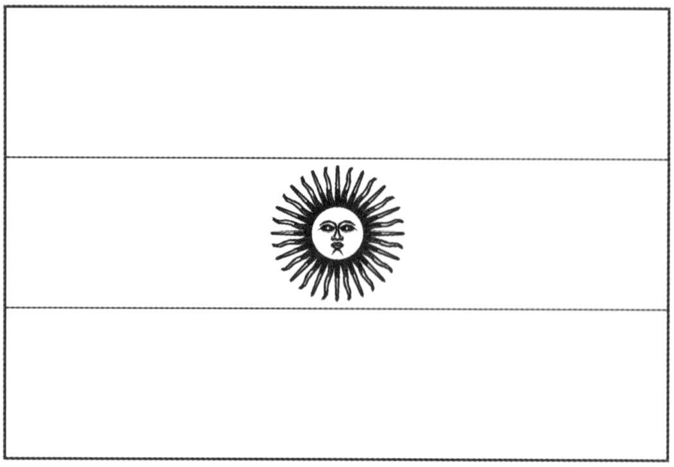

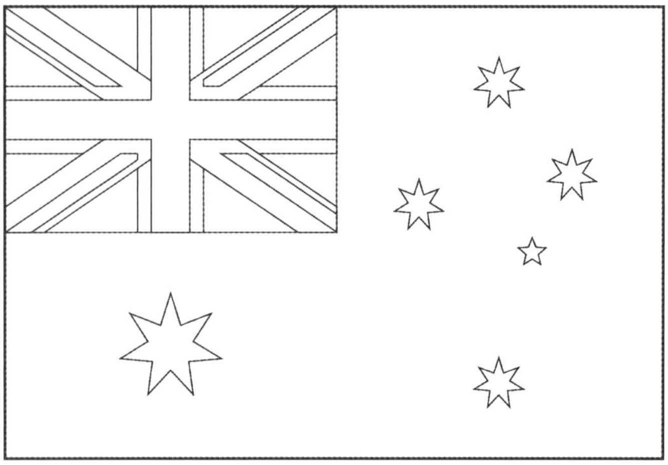

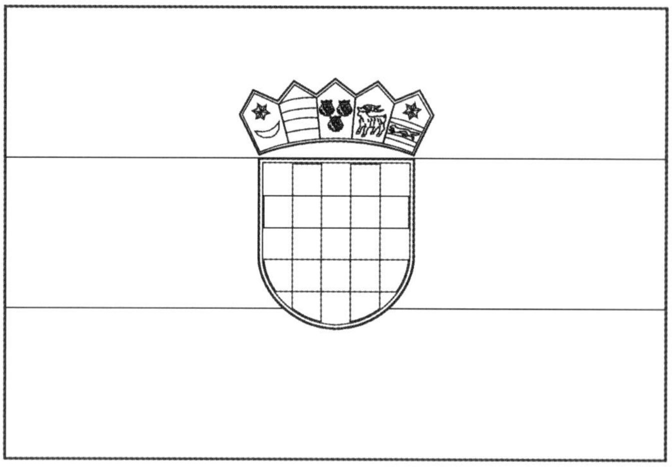

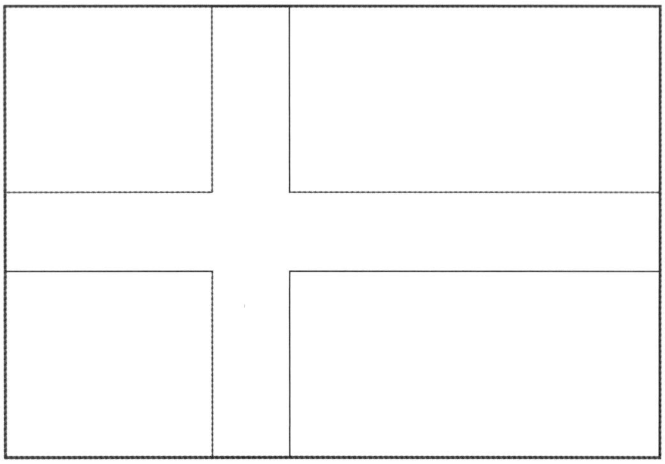

创育足球—2018世界杯32强国旗填色图

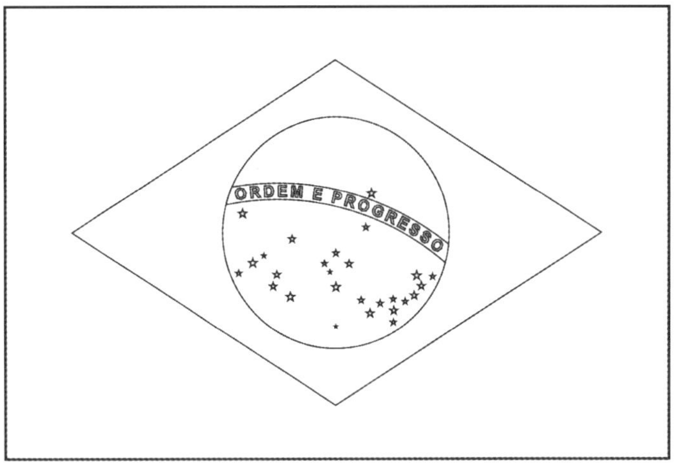

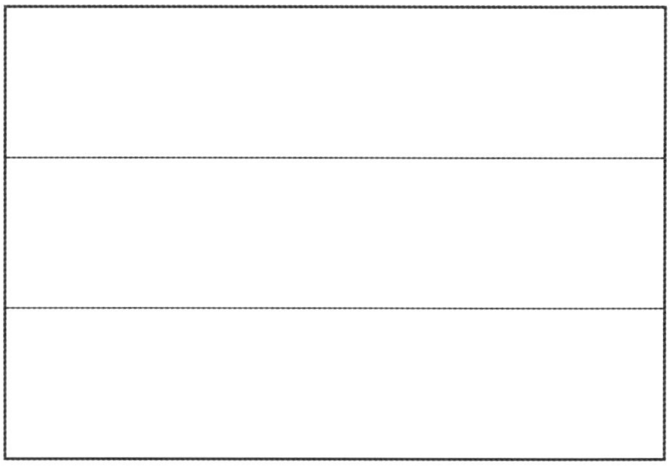

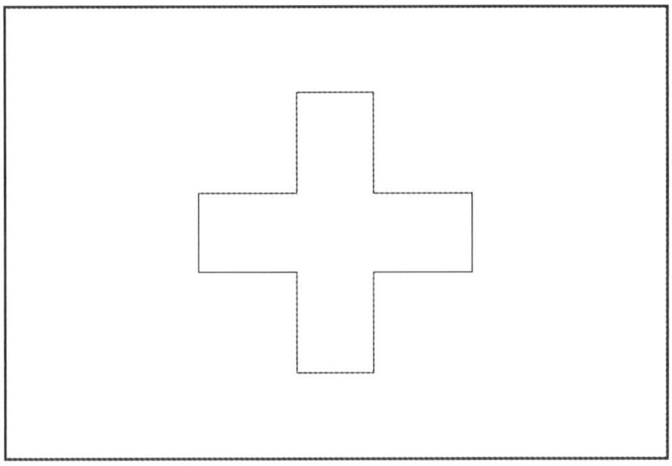

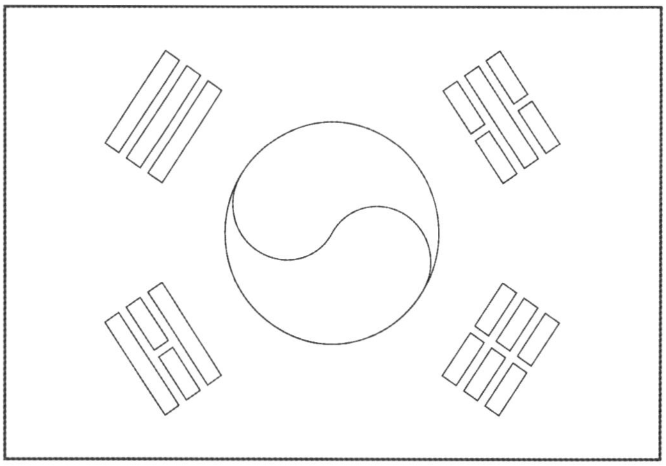

创育足球—2018世界杯32强国旗填色图

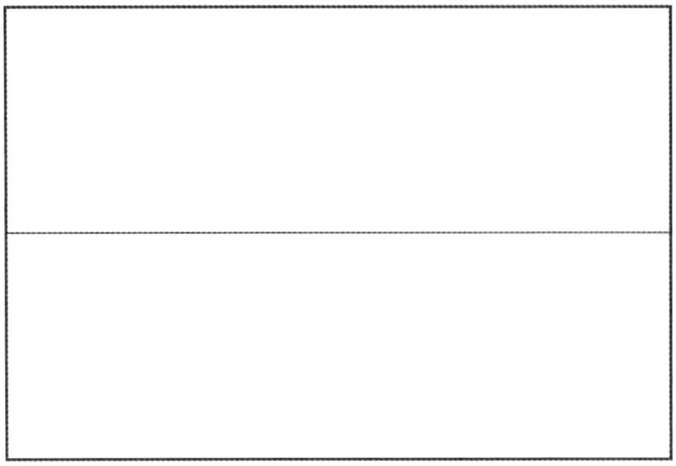

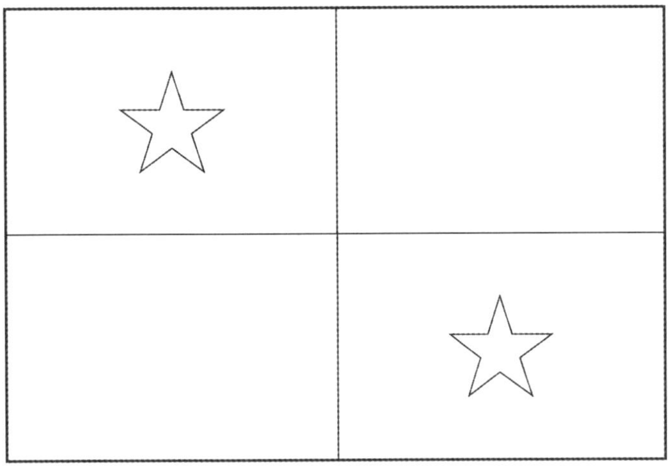

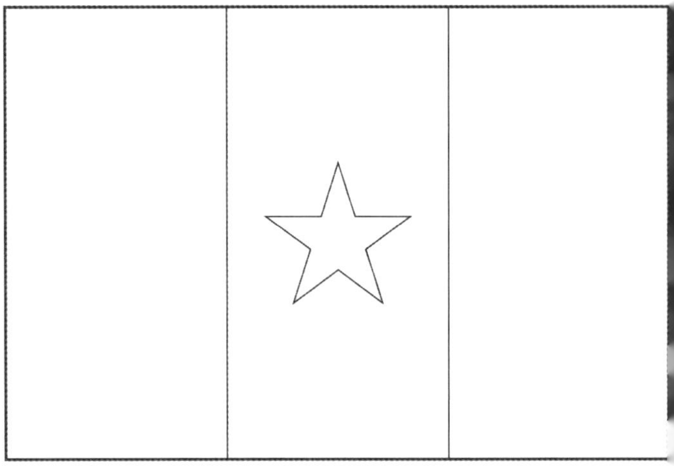

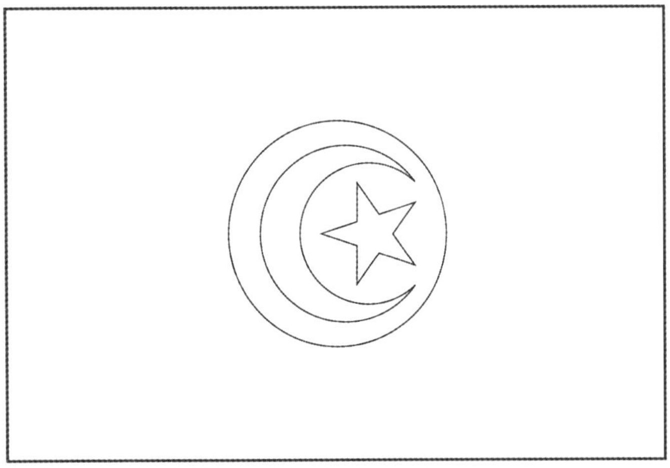

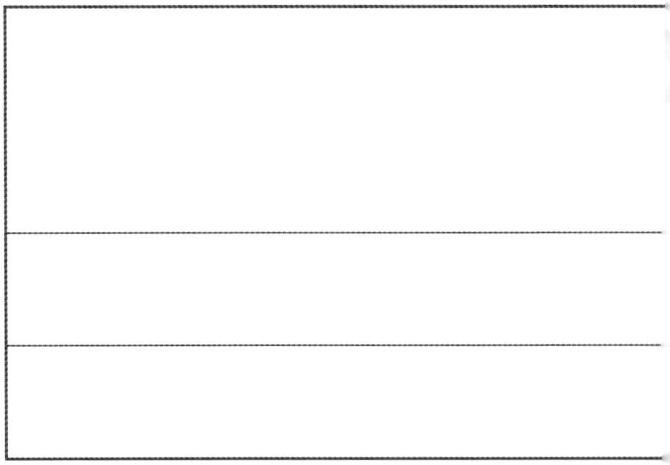

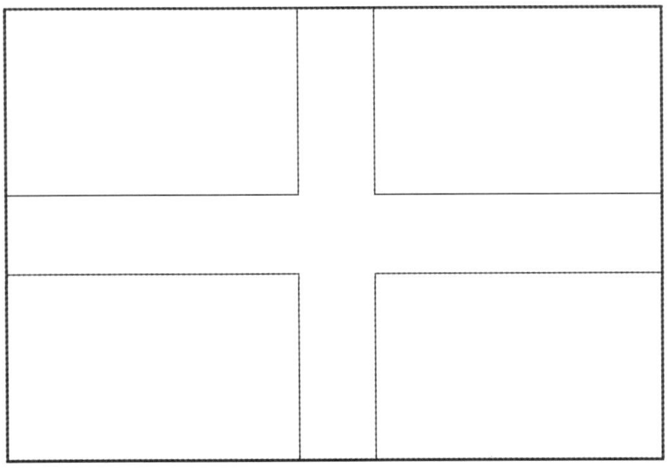

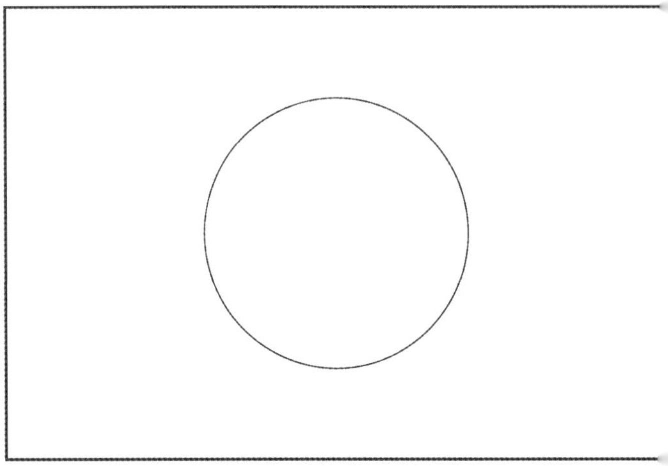

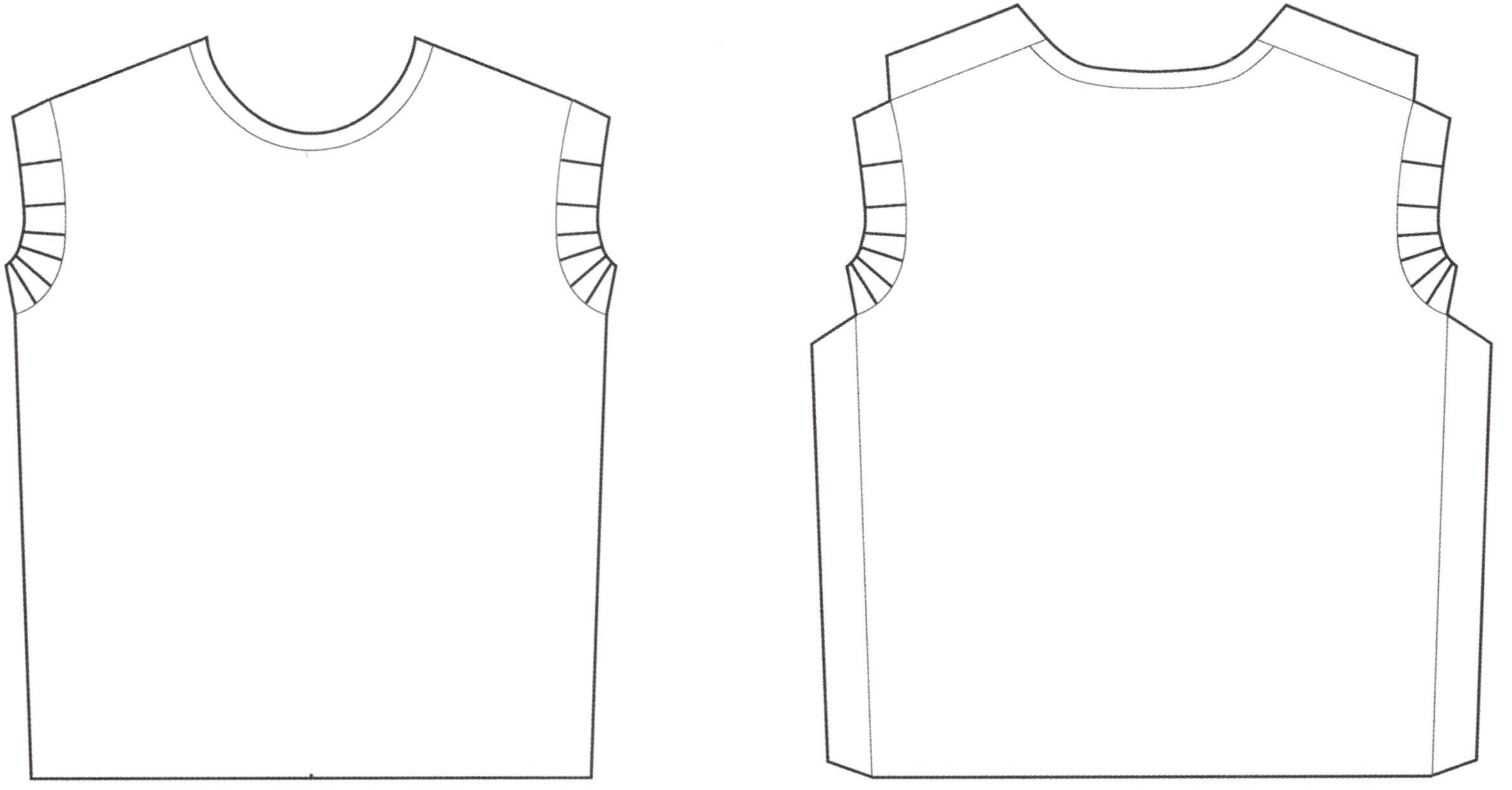

制作视频

微信公众号

目录

欧洲区

南美区

创育足球
2018

欧洲区

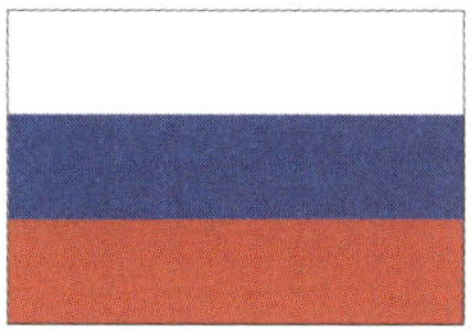

A 组

俄罗斯队

球衣赞助商

本球衣效果图仅作为参考，实际款式以世界杯官方发布为准。

剪开线

结构线

谷折线

山折线

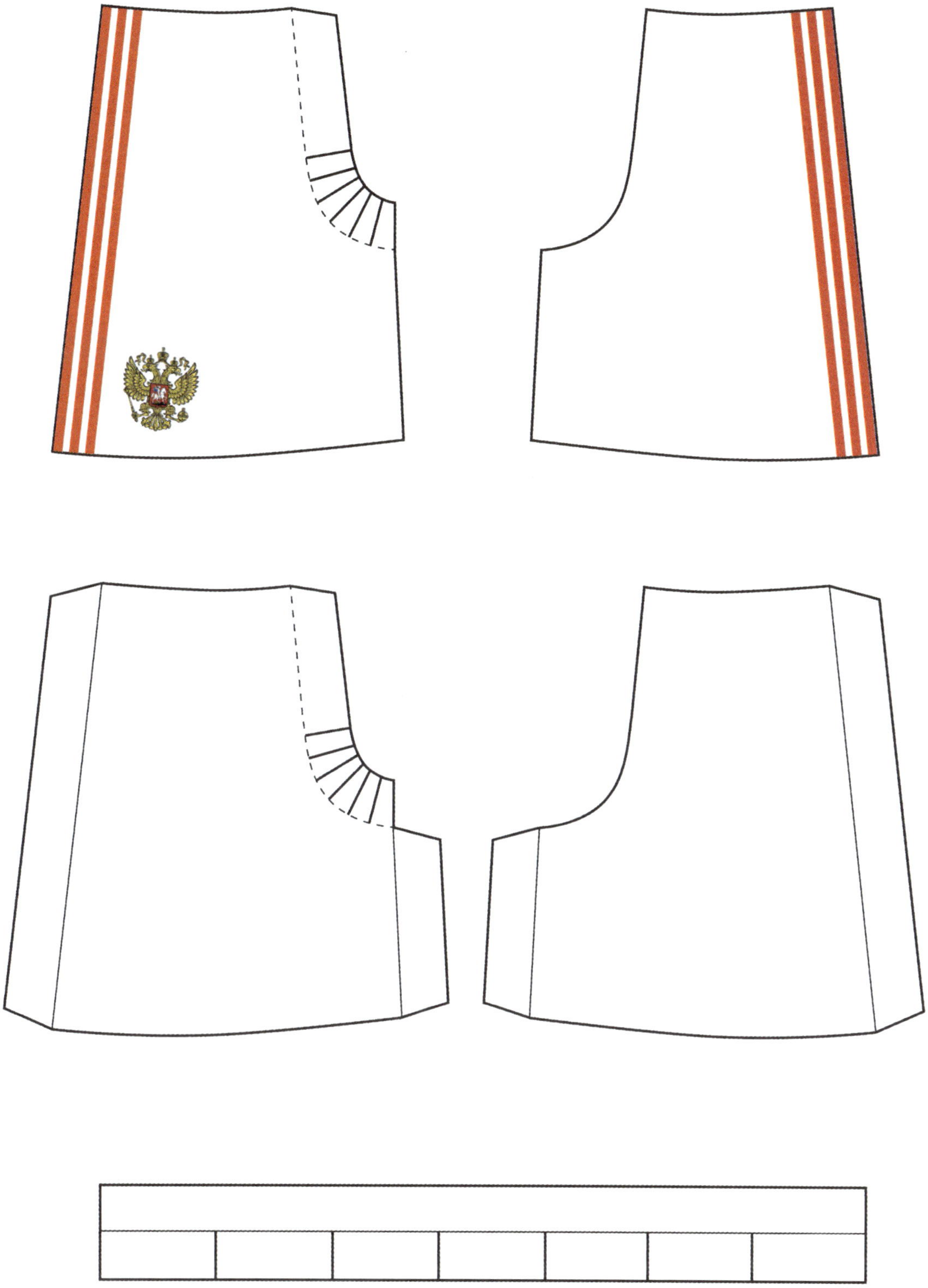

俄罗斯队

球衣赞助商

本球衣效果图仅作为参考，实际款式以世界杯官方发布为准。

剪开线

结构线

谷折线

山折线

F组
德国队

球衣赞助商 adidas

本球衣效果图仅作为参考，实际款式以世界杯官方发布为准。

剪开线
结构线
谷折线
山折线

德国队

球衣赞助商 adidas

本球衣效果图仅作为参考，实际款式以世界杯官方发布为准。

剪开线

结构线

谷折线

山折线

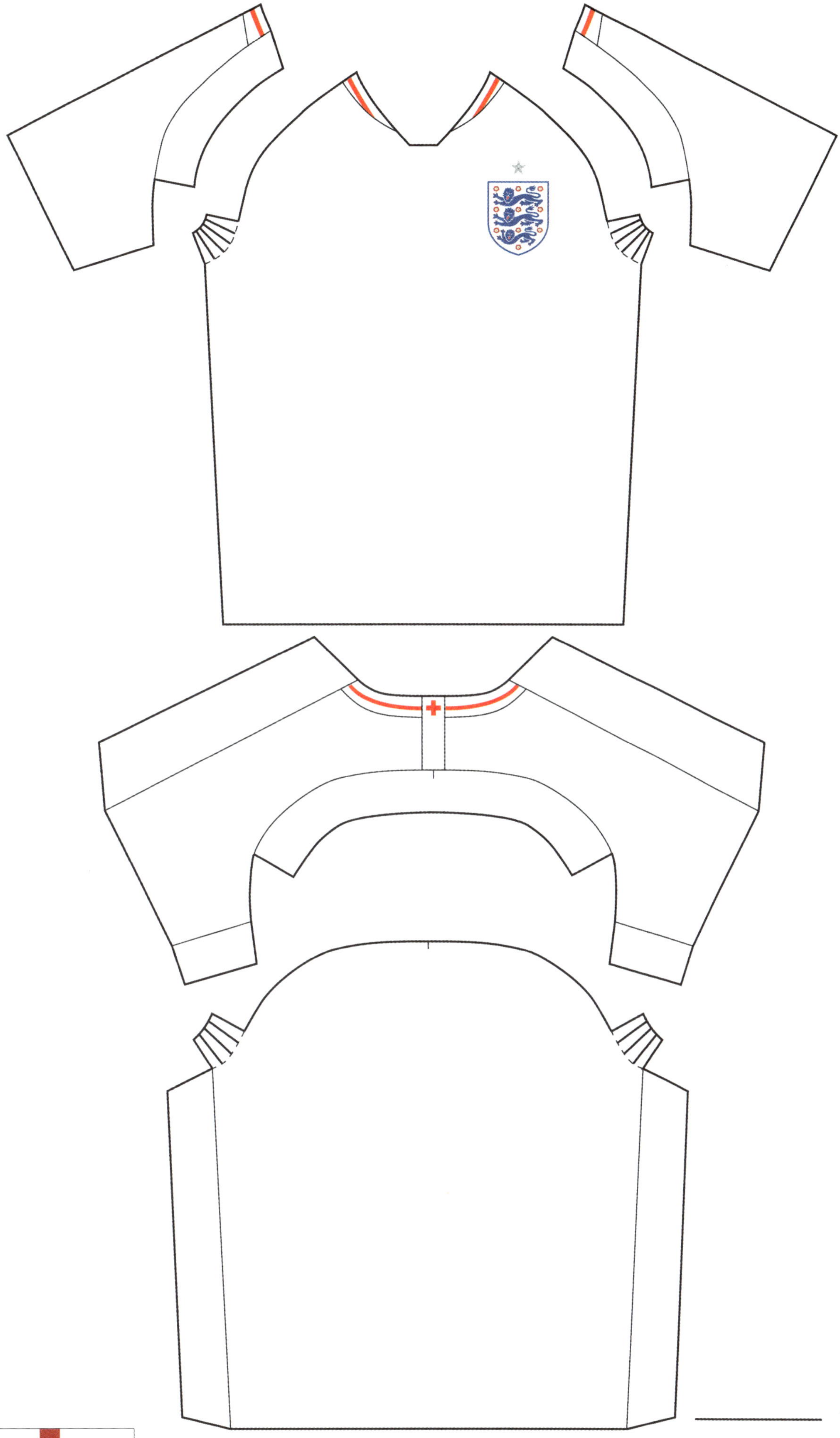

剪开线

结构线

谷折线

山折线

G组

英格兰队

球衣赞助商

本球衣效果图仅作为参考，实际款式以世界杯官方发布为准。

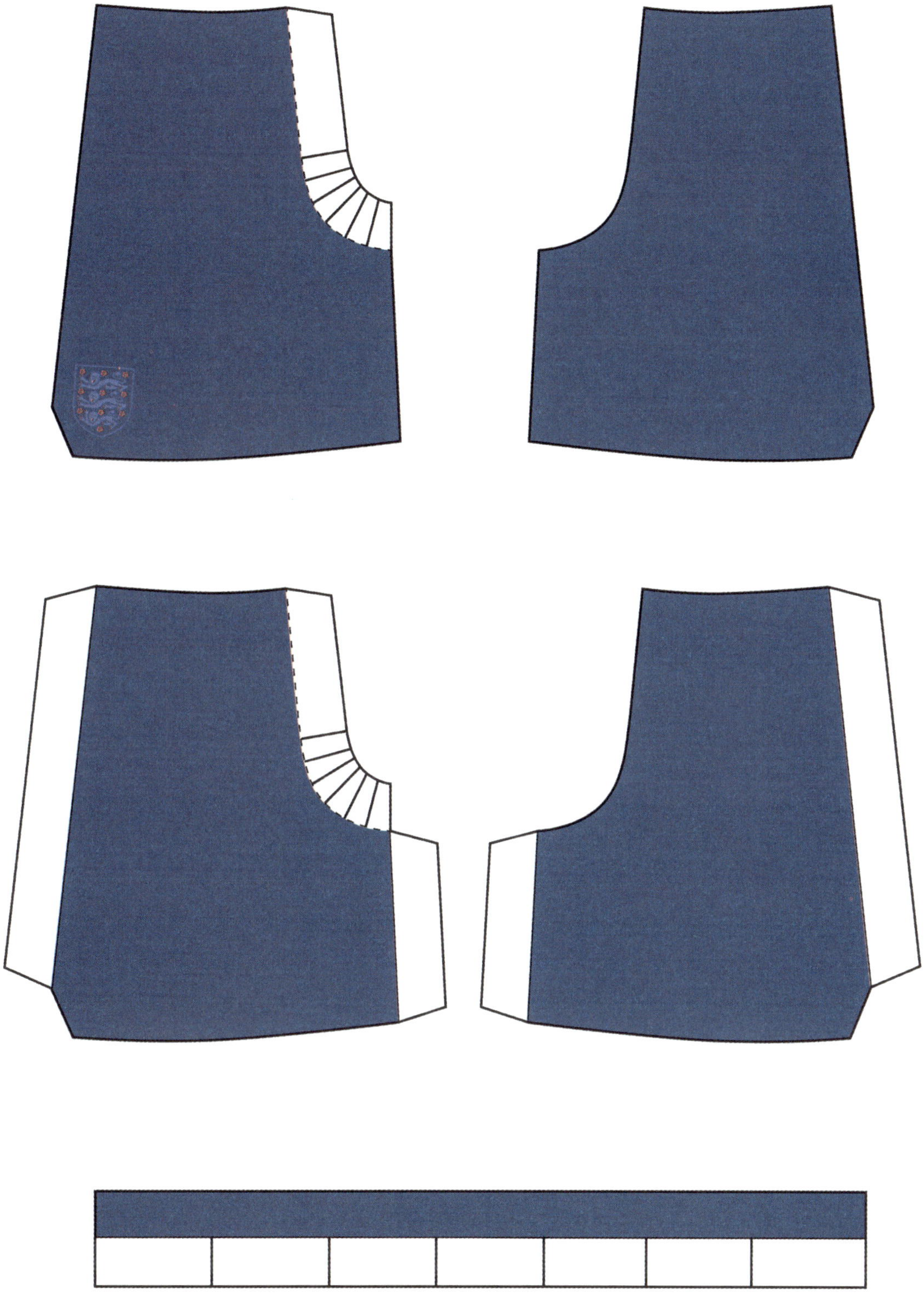

英格兰队

球衣赞助商

本球衣效果图仅作为参考，实际款式以世界杯官方发布为准。

剪开线
结构线
谷折线
山折线

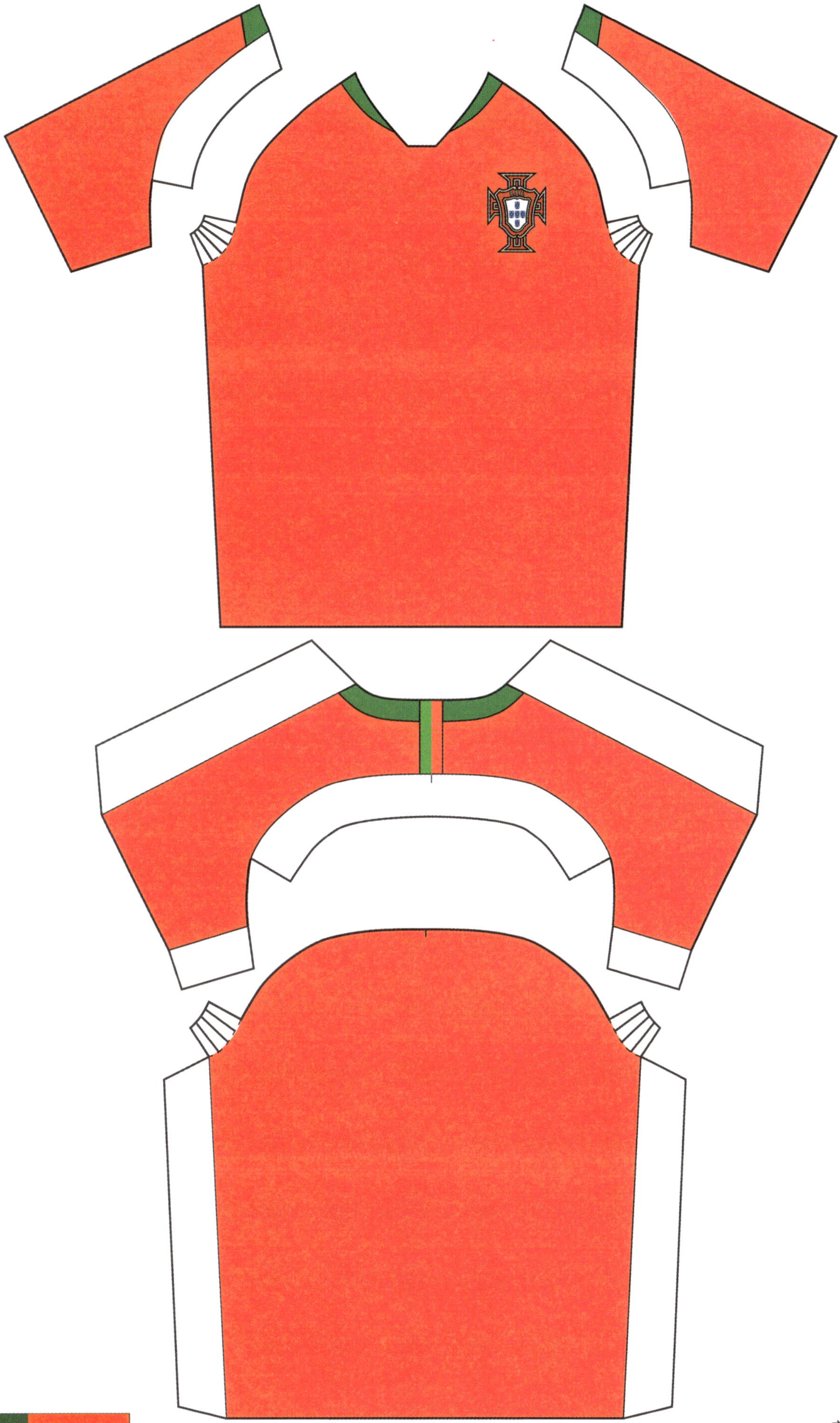

B组

葡萄牙队

球衣赞助商

本球衣效果图仅作为参考，实际款式以世界杯官方发布为准。

剪开线

结构线

谷折线

山折线

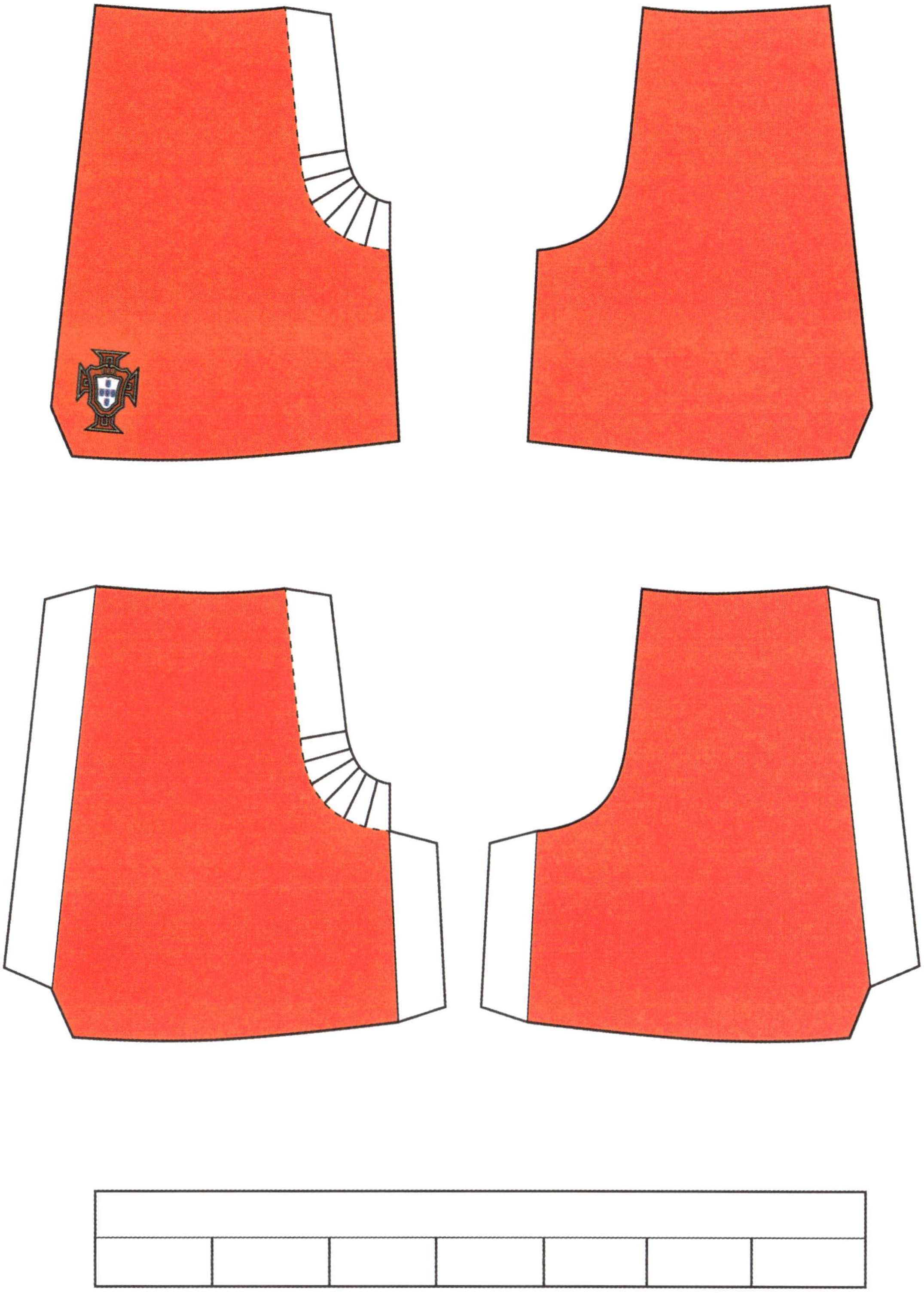

葡萄牙队

球衣赞助商

剪开线

结构线

谷折线

山折线

本球衣效果图仅作为参考，实际款式以世界杯官方发布为准。

B组

西班牙队

球衣赞助商

剪开线
结构线
谷折线
山折线

本球衣效果图仅作为参考，实际款式以世界杯官方发布为准。

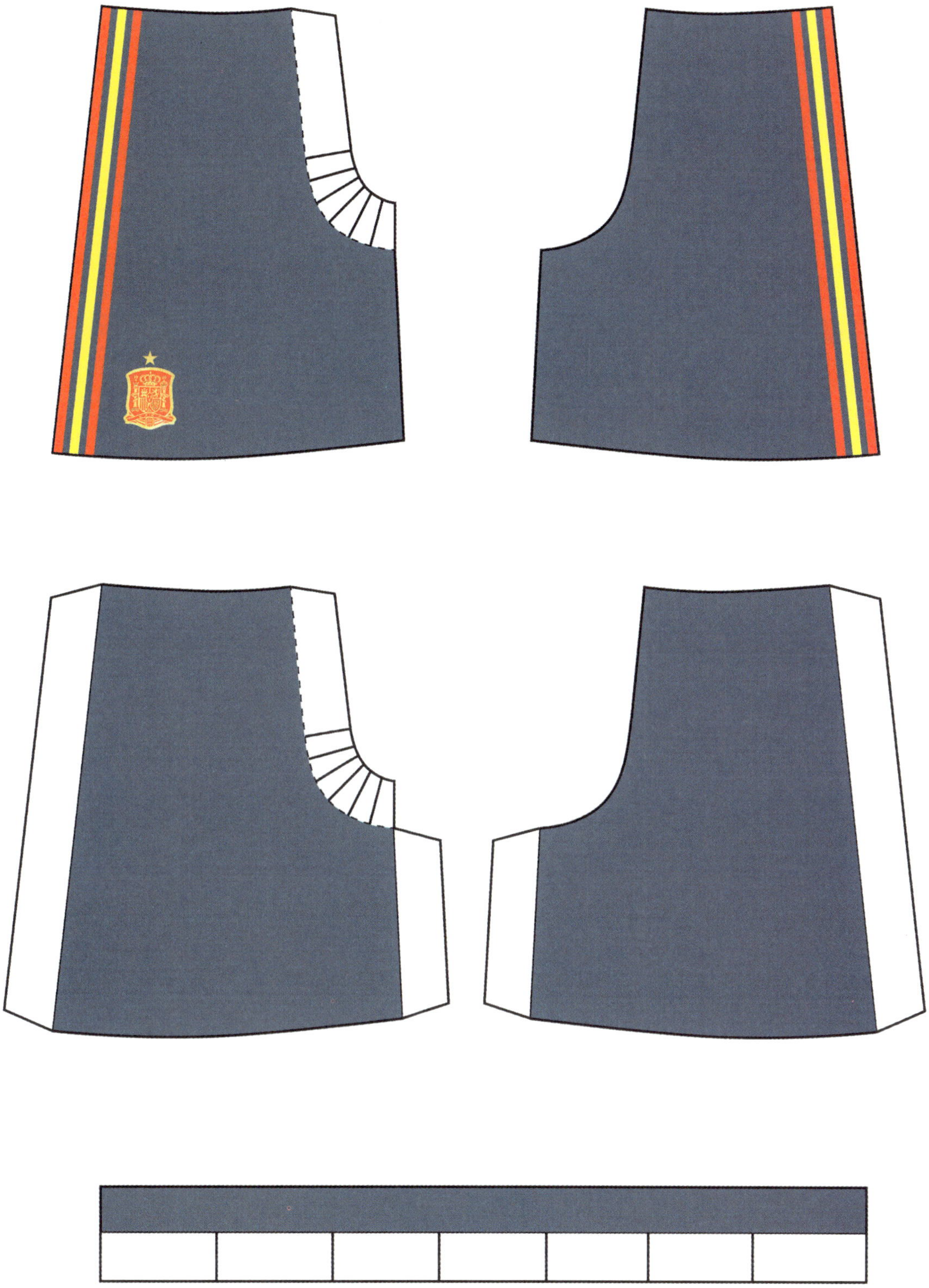

西班牙队

球衣赞助商

本球衣效果图仅作为参考，实际款式以世界杯官方发布为准。

- 剪开线
- 结构线
- 谷折线
- 山折线

G组

比利时队

球衣赞助商

adidas

本球衣效果图仅作为参考，实际款式以世界杯官方发布为准。

剪开线

结构线

谷折线

山折线

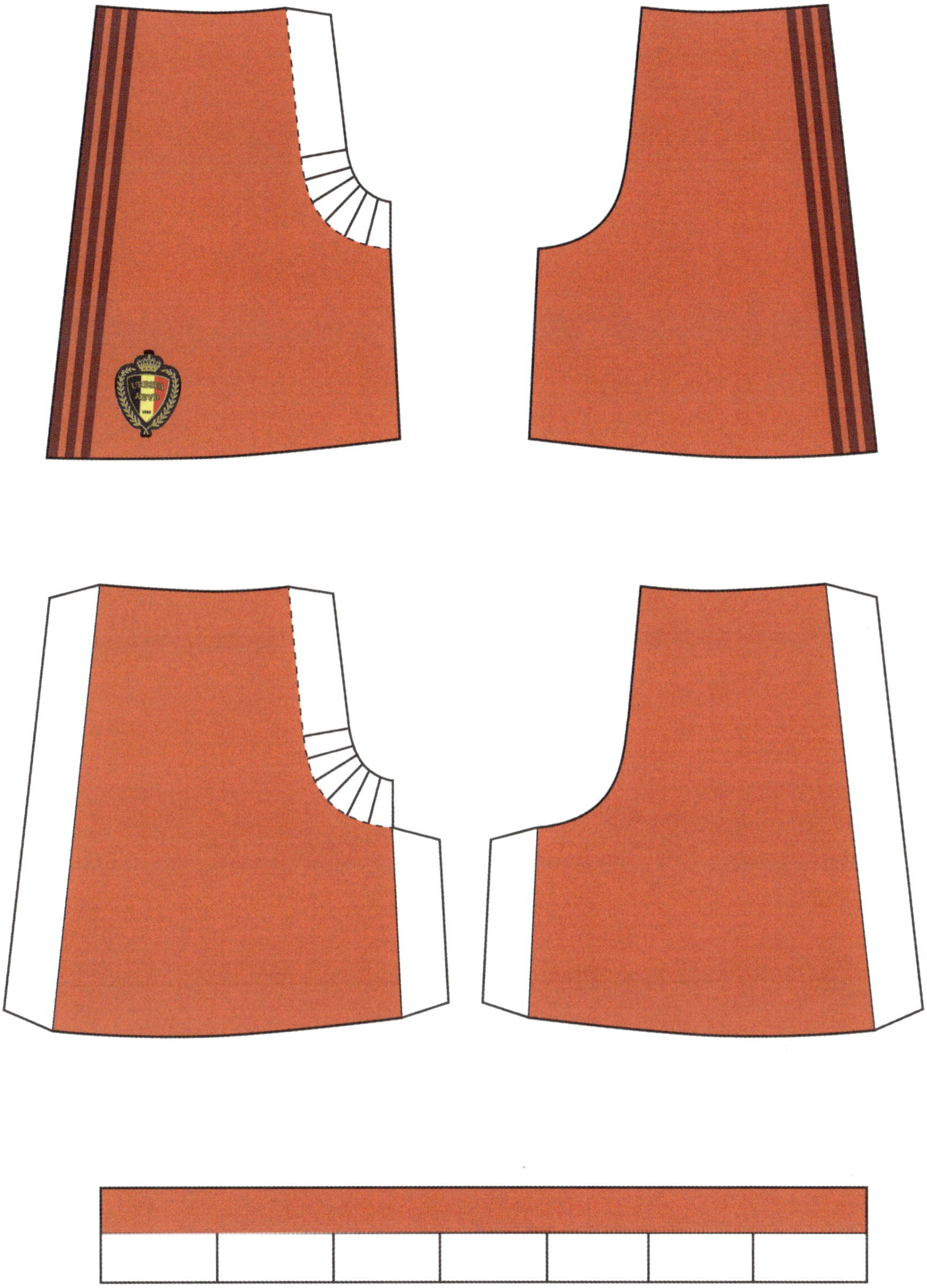

比利时队

球衣赞助商

本球衣效果图仅作为参考，实际款式以世界杯官方发布为准。

剪开线

结构线

谷折线

山折线

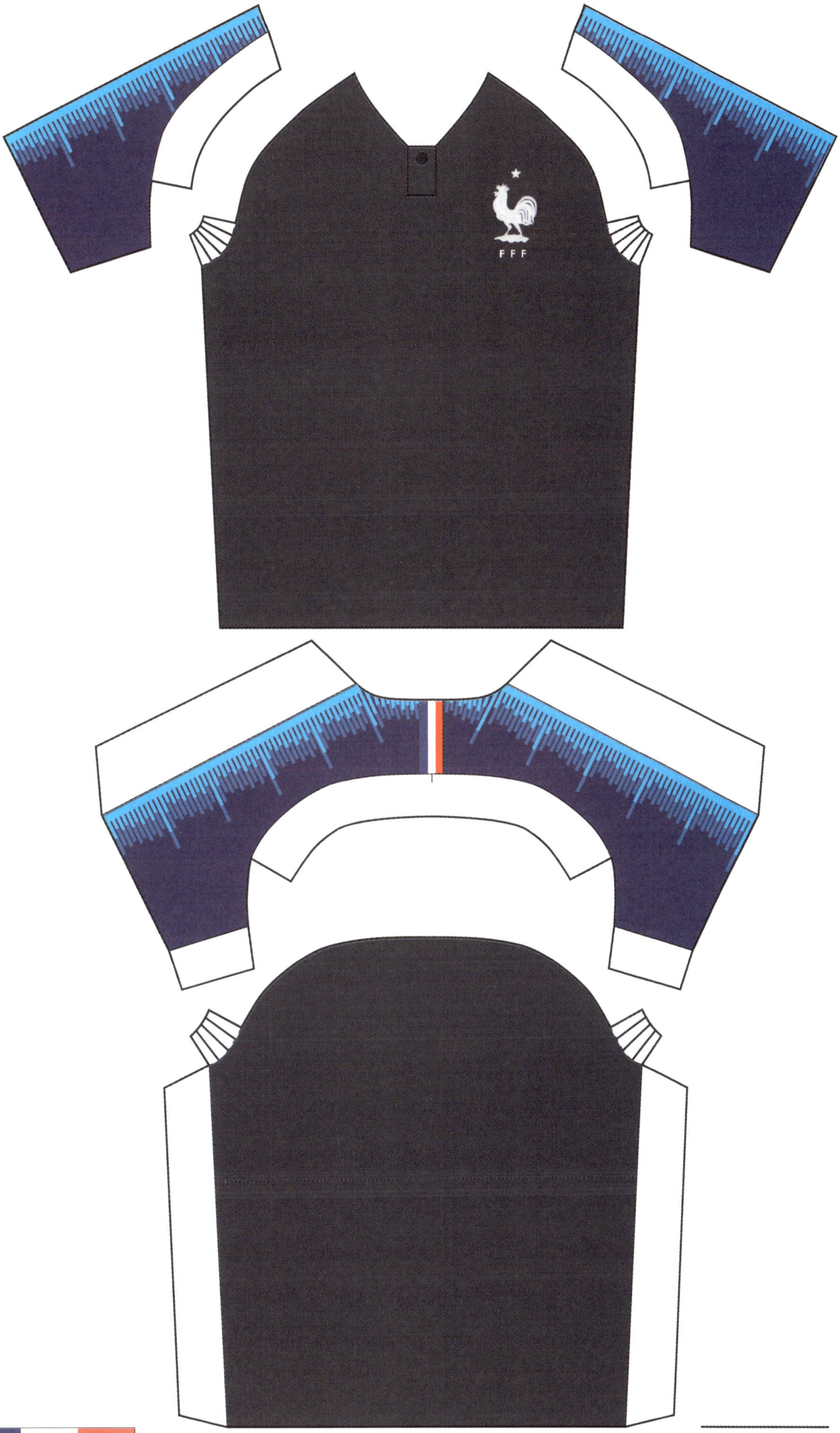

C组

法国队

球衣赞助商

本球衣效果图仅作为参考，实际款式以世界杯官方发布为准。

剪开线

结构线

谷折线

山折线

法国队

球衣赞助商

本球衣效果图仅作为参考，实际款式以世界杯官方发布为准。

剪开线
结构线
谷折线
山折线

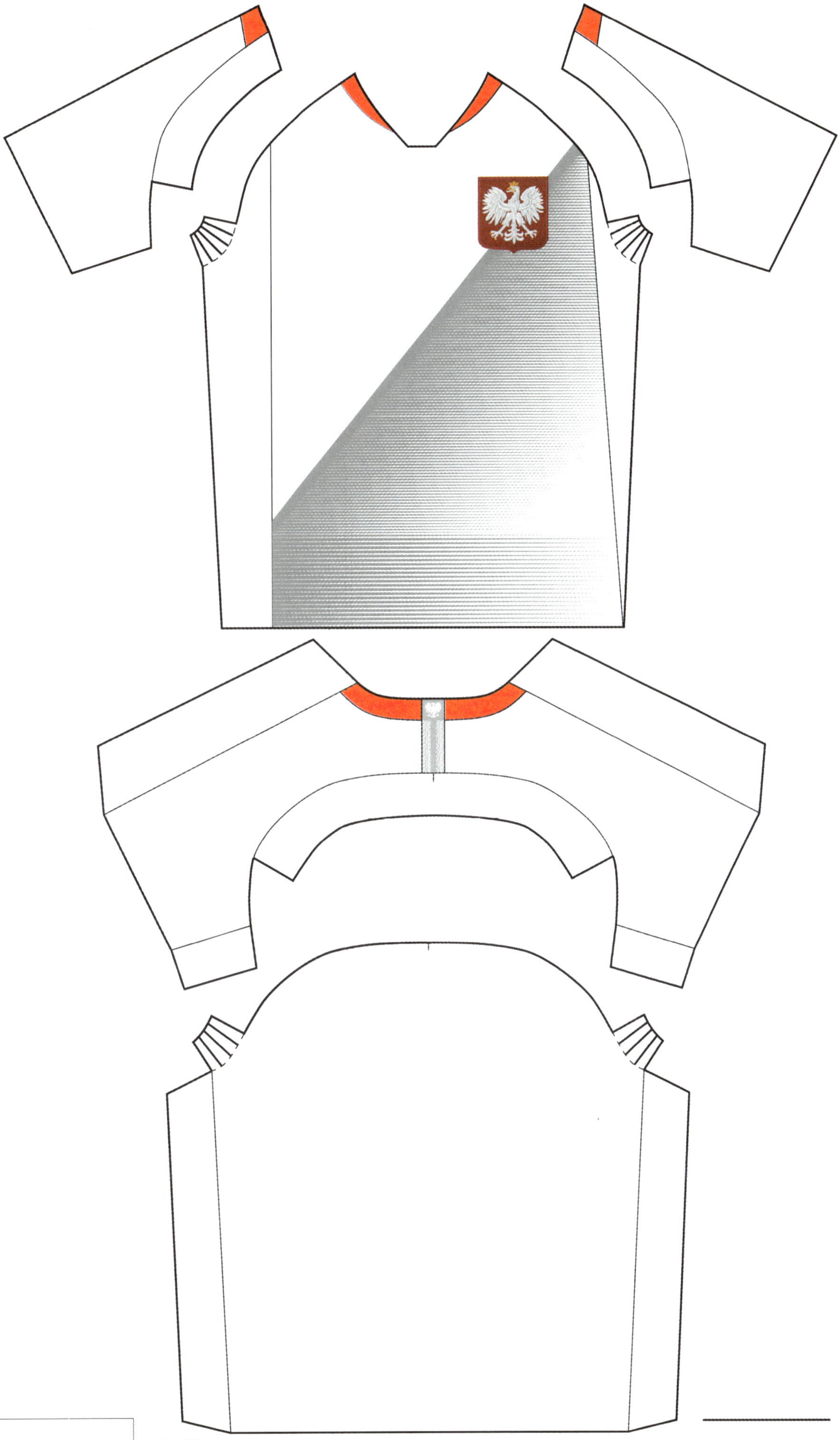

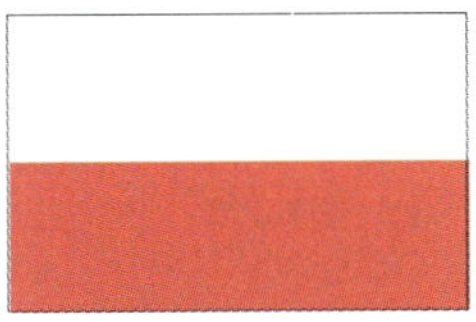

H组

波兰队

球衣赞助商

本球衣效果图仅作为参考，实际款式以世界杯官方发布为准。

剪开线

结构线

谷折线

山折线

波兰队

球衣赞助商

本球衣效果图仅作为参考，实际款式以世界杯官方发布为准。

剪开线

结构线

谷折线

山折线

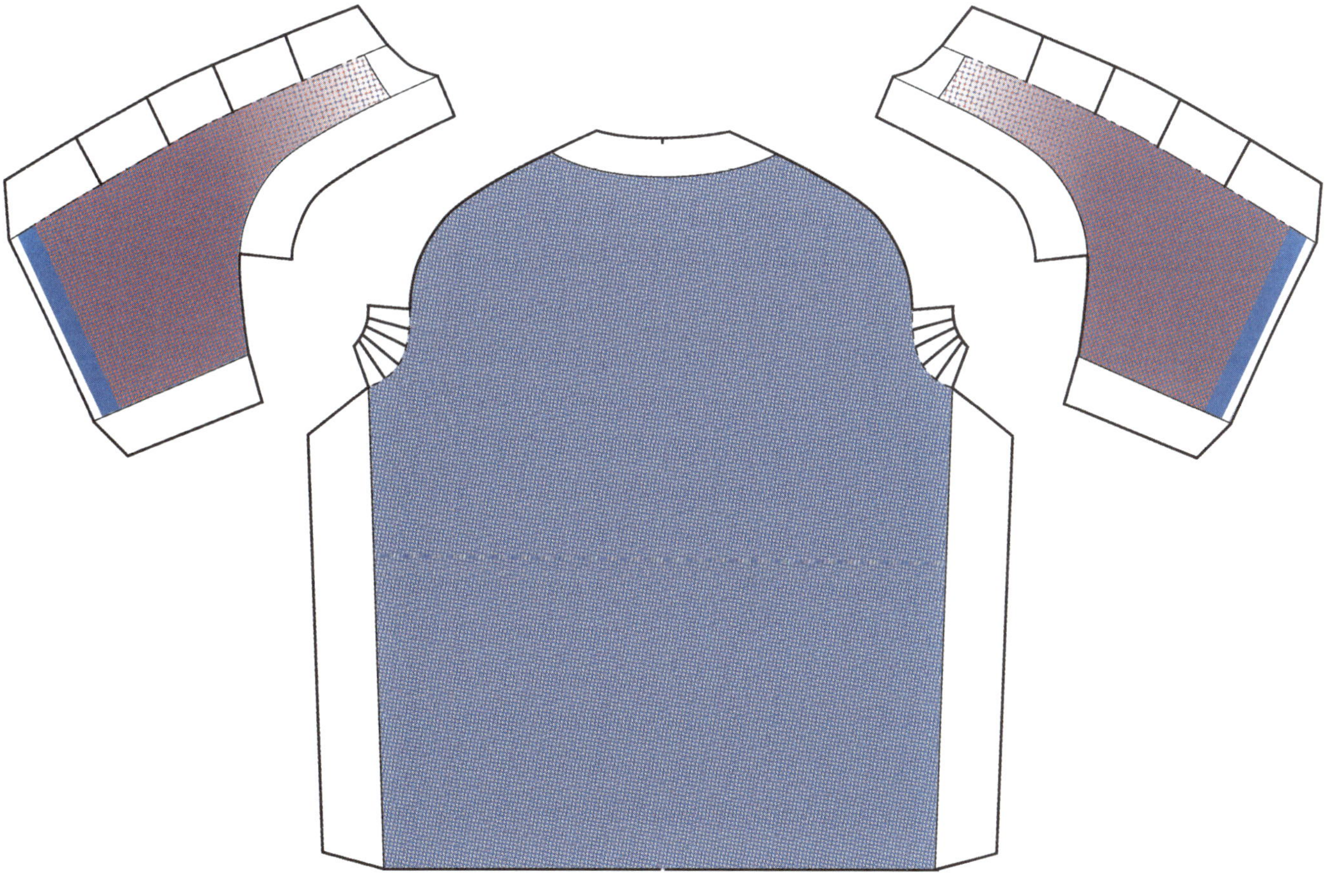

D组

冰岛队

球衣赞助商 errea

本球衣效果图仅作为参考，实际款式以世界杯官方发布为准。

剪开线
结构线
谷折线
山折线

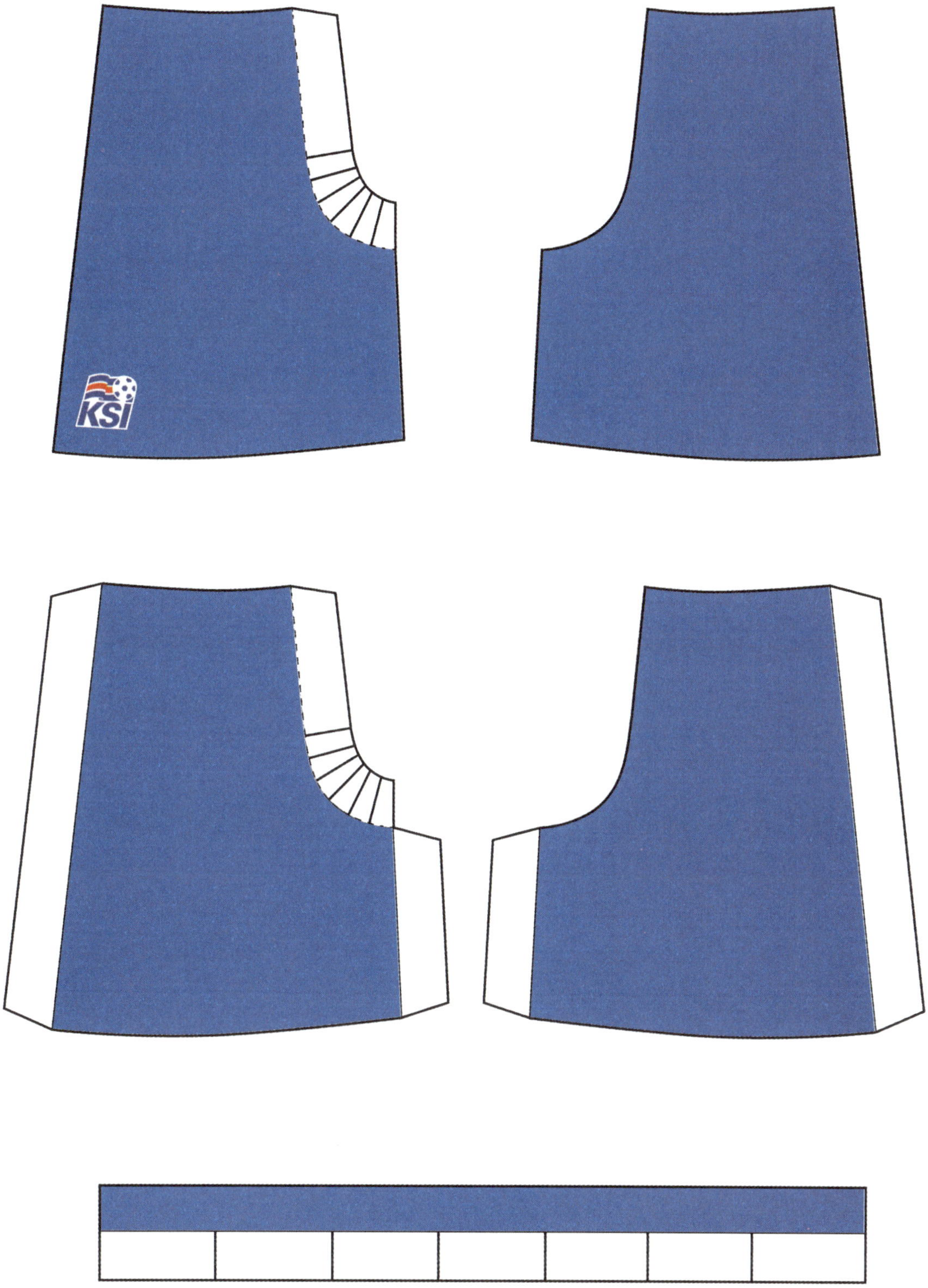

冰岛队

球衣赞助商 errea

本球衣效果图仅作为参考，实际款式以世界杯官方发布为准。

剪开线
结构线
谷折线
山折线

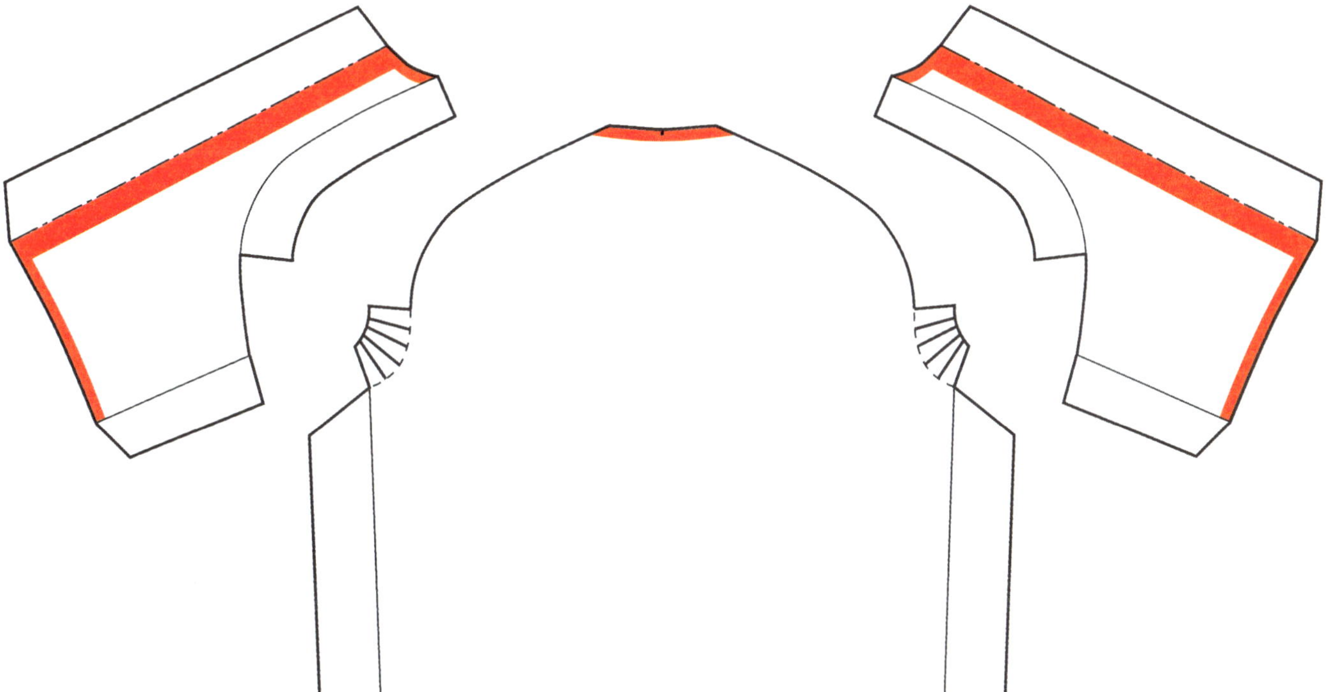

E组
塞尔维亚队

球衣赞助商

本球衣效果图仅作为参考，实际款式以世界杯官方发布为准。

剪开线
结构线
谷折线
山折线

塞尔维亚队　球衣赞助商

本球衣效果图仅作为参考，实际款式以世界杯官方发布为准。

剪开线
结构线
谷折线
山折线

E组
瑞士队

球衣赞助商

本球衣效果图仅作为参考，实际款式以世界杯官方发布为准。

剪开线
结构线
谷折线
山折线

瑞士队

球衣赞助商

本球衣效果图仅作为参考，实际款式以世界杯官方发布为准。

剪开线

结构线

谷折线

山折线

F组

瑞典队

球衣赞助商 adidas

本球衣效果图仅作为参考，实际款式以世界杯官方发布为准。

剪开线

结构线

谷折线

山折线

瑞典队

球衣赞助商

本球衣效果图仅作为参考，实际款式以世界杯官方发布为准。

剪开线

结构线

谷折线

山折线

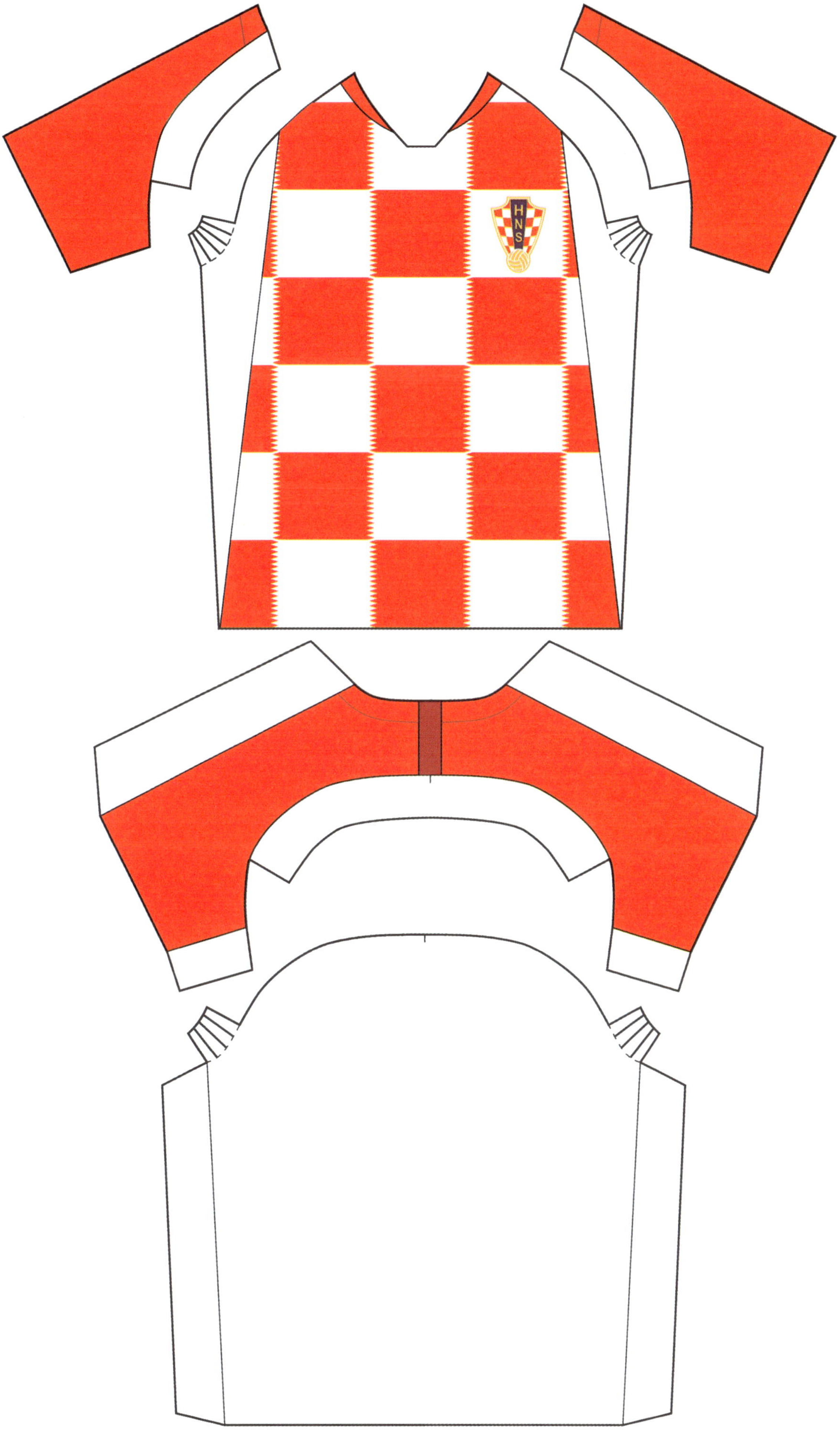

D 组

克罗地亚队

球衣赞助商

剪开线

结构线

谷折线

本球衣效果图仅作为参考，实际款式以世界杯官方发布为准。

剪开线
结构线
谷折线
山折线

克罗地亚队

球衣赞助商

本球衣效果图仅作为参考，实际款式以世界杯官方发布为准。

C组
丹麦队

球衣赞助商 hummel

本球衣效果图仅作为参考，实际款式以世界杯官方发布为准。

剪开线
结构线
谷折线
山折线

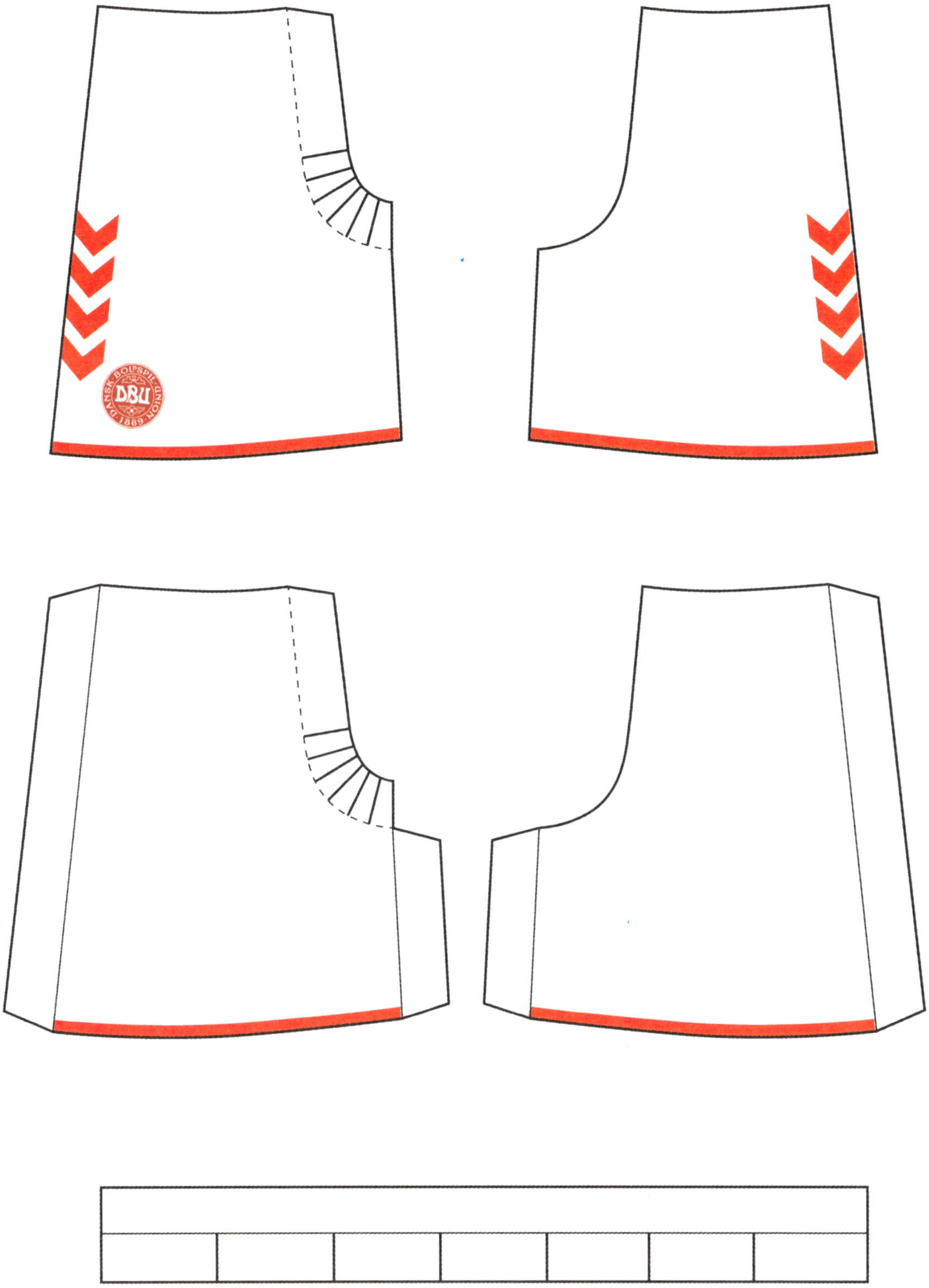

丹麦队

球衣赞助商 hummel

本球衣效果图仅作为参考，实际款式以世界杯官方发布为准。

剪开线

结构线

谷折线

山折线

南美区

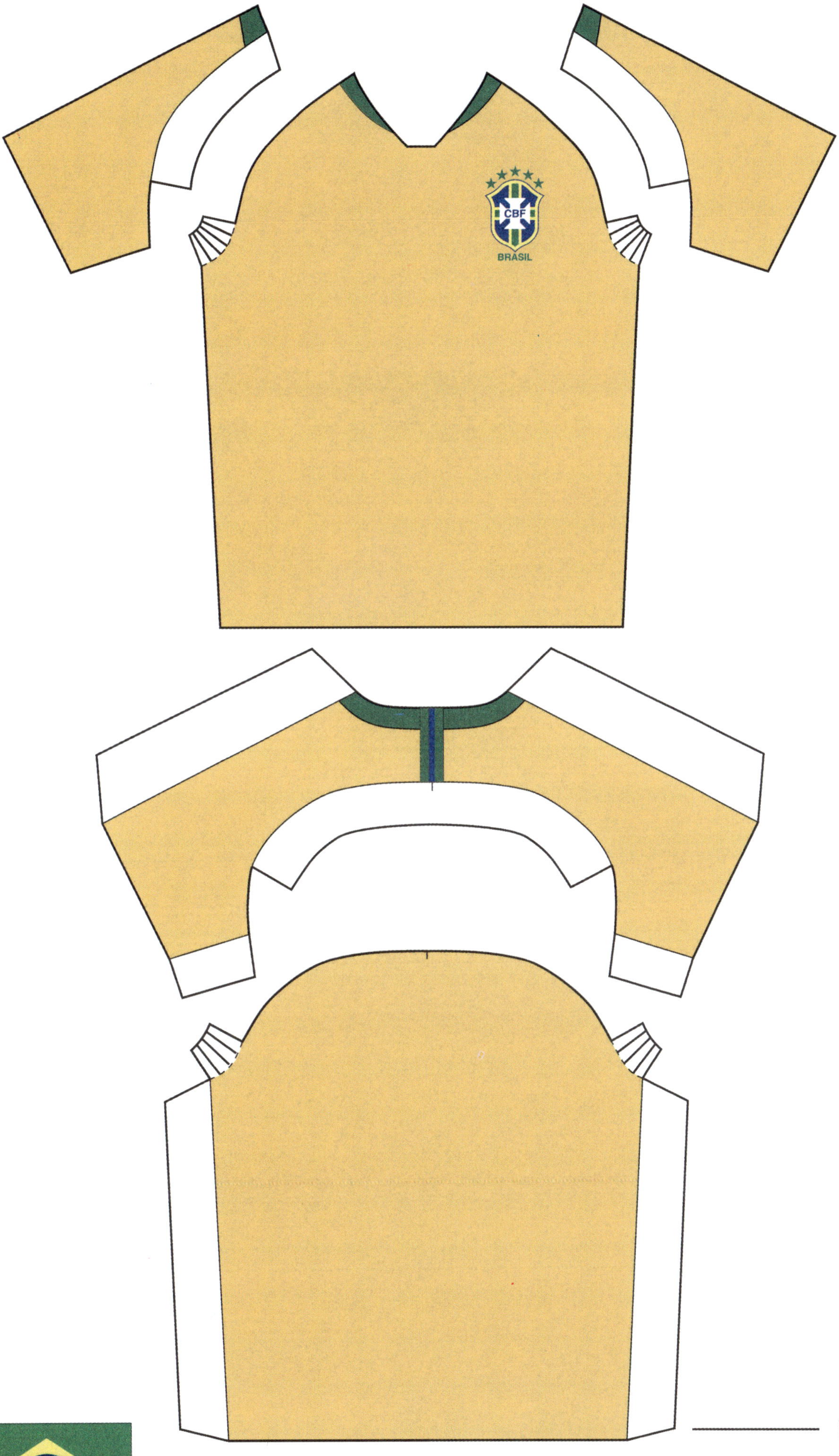

剪开线
结构线
谷折线
山折线

E组

巴西队

球衣赞助商

本球衣效果图仅作为参考，实际款式以世界杯官方发布为准。

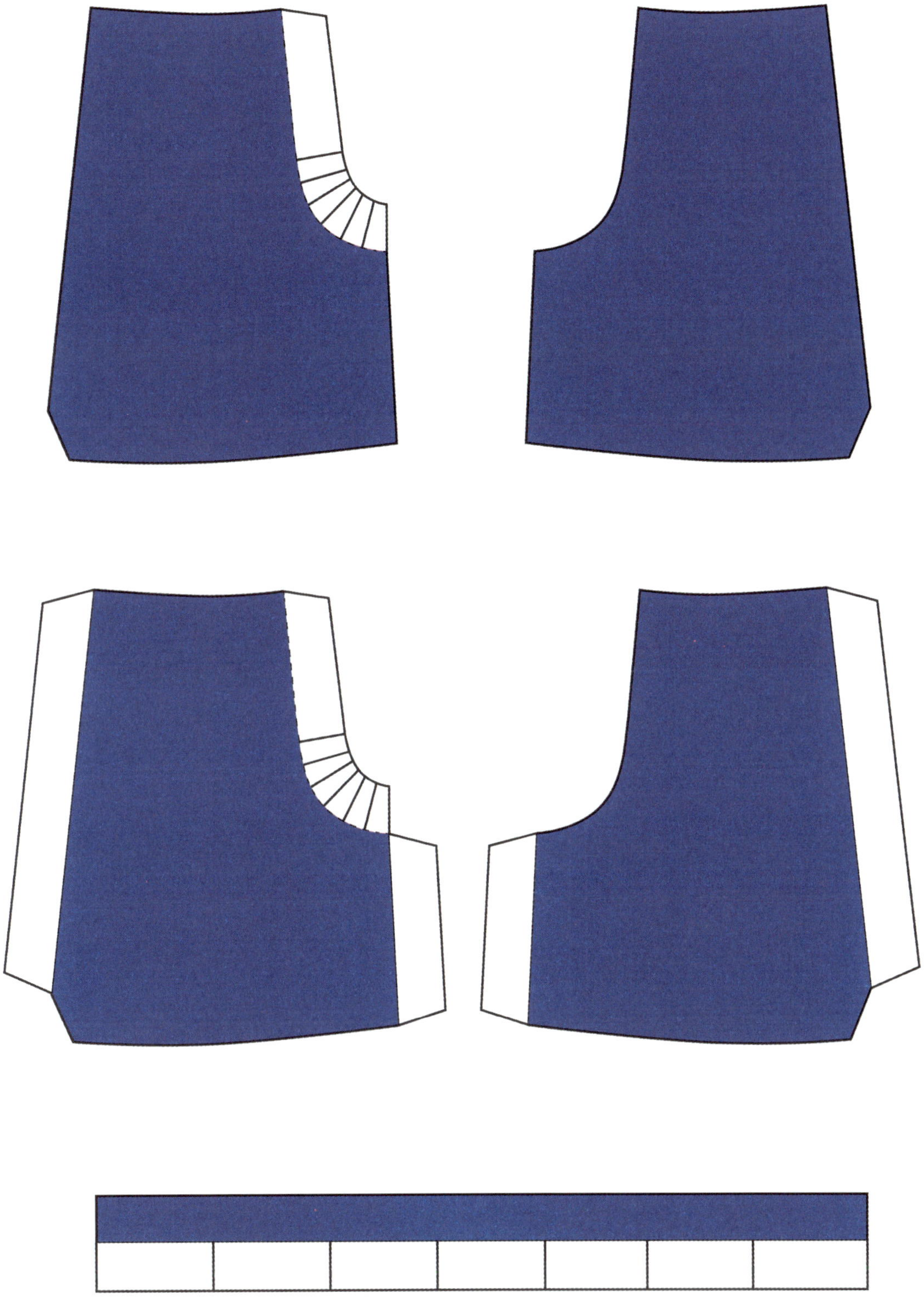

巴西队

球衣赞助商

本球衣效果图仅作为参考，实际款式以世界杯官方发布为准。

剪开线

结构线

谷折线

山折线

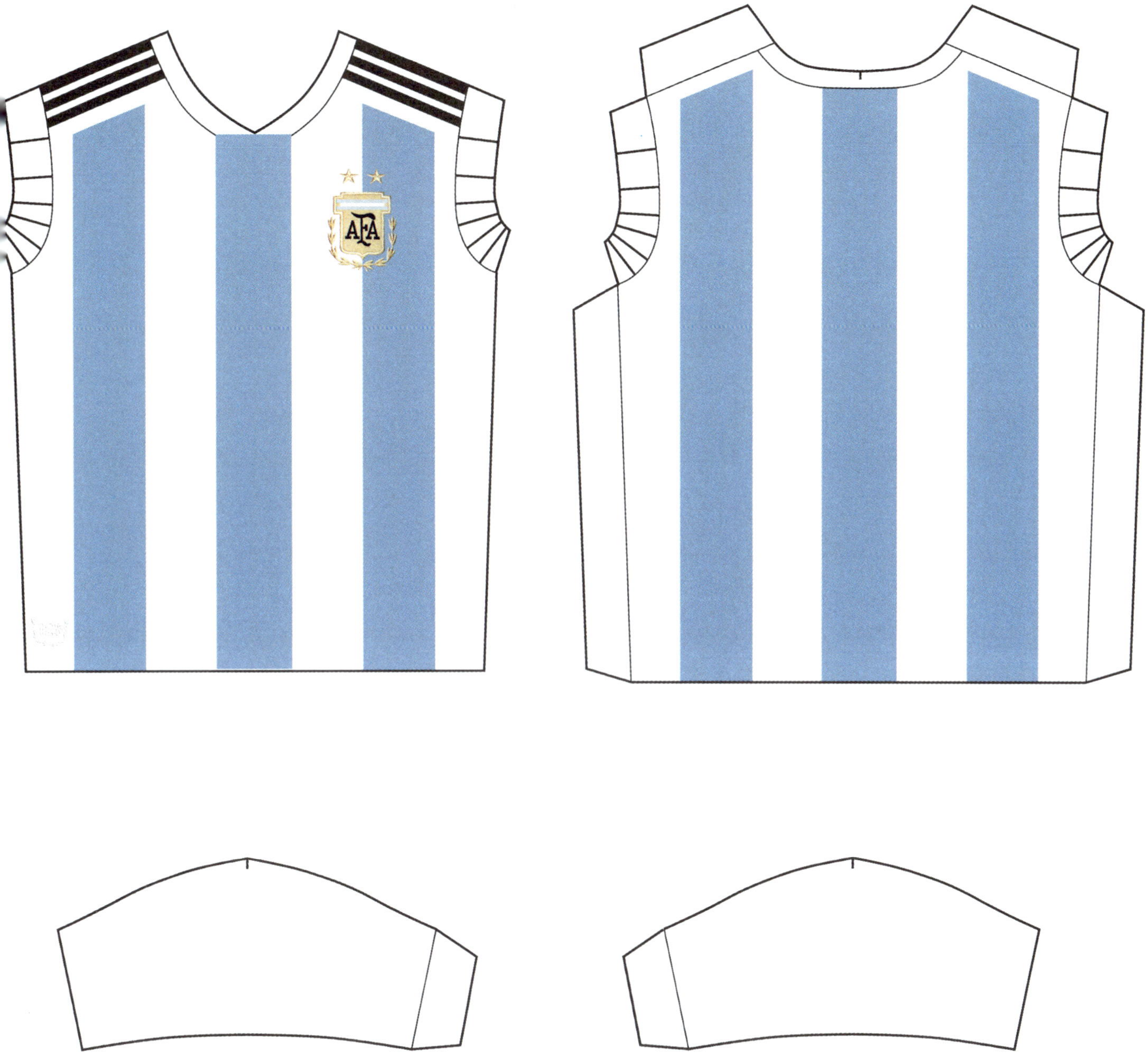

D组

阿根廷队

球衣赞助商

本球衣效果图仅作为参考，实际款式以世界杯官方发布为准。

剪开线

结构线

谷折线

山折线

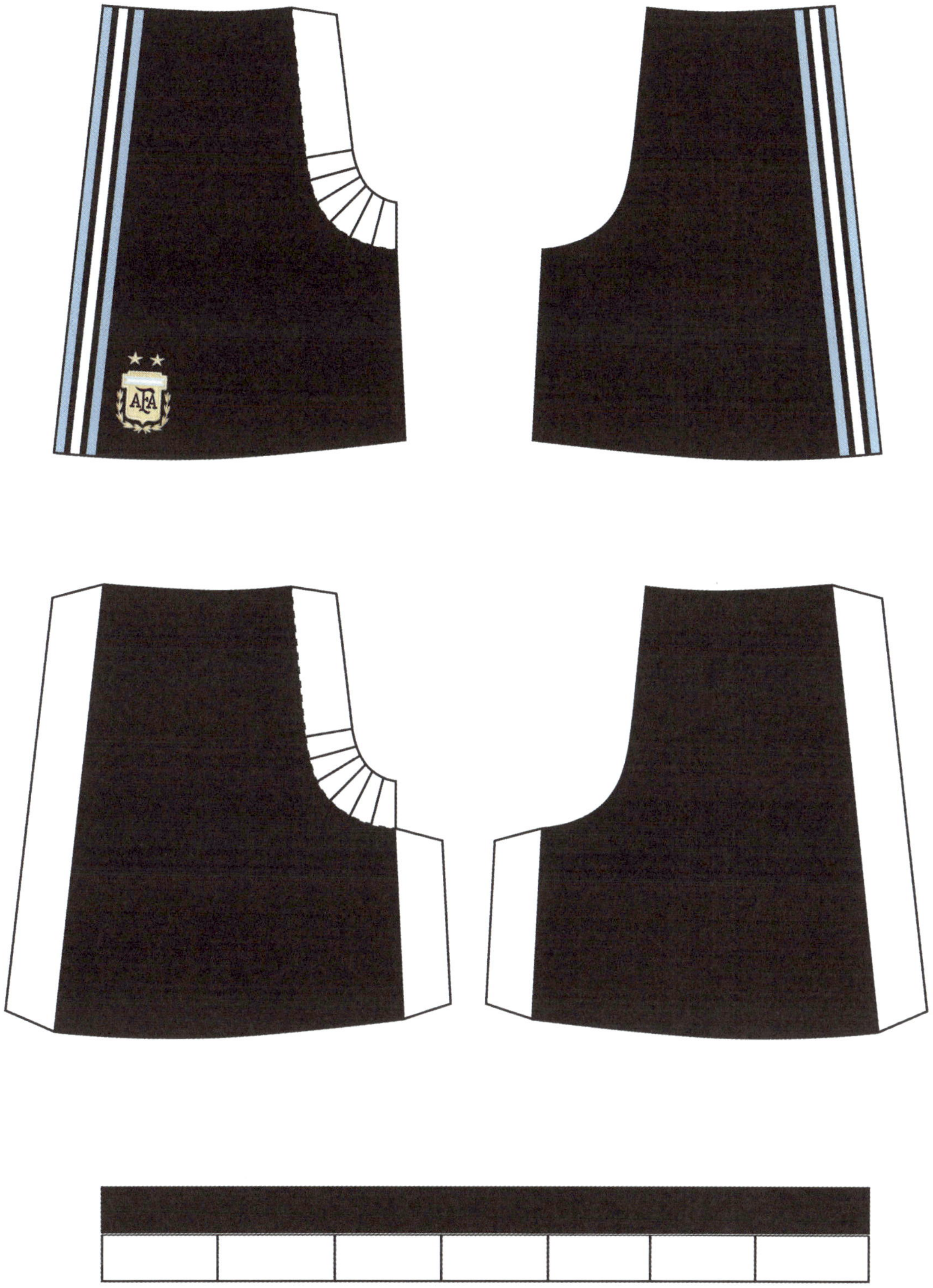

阿根廷队

球衣赞助商

本球衣效果图仅作为参考，实际款式以世界杯官方发布为准。

剪开线

结构线

谷折线

山折线

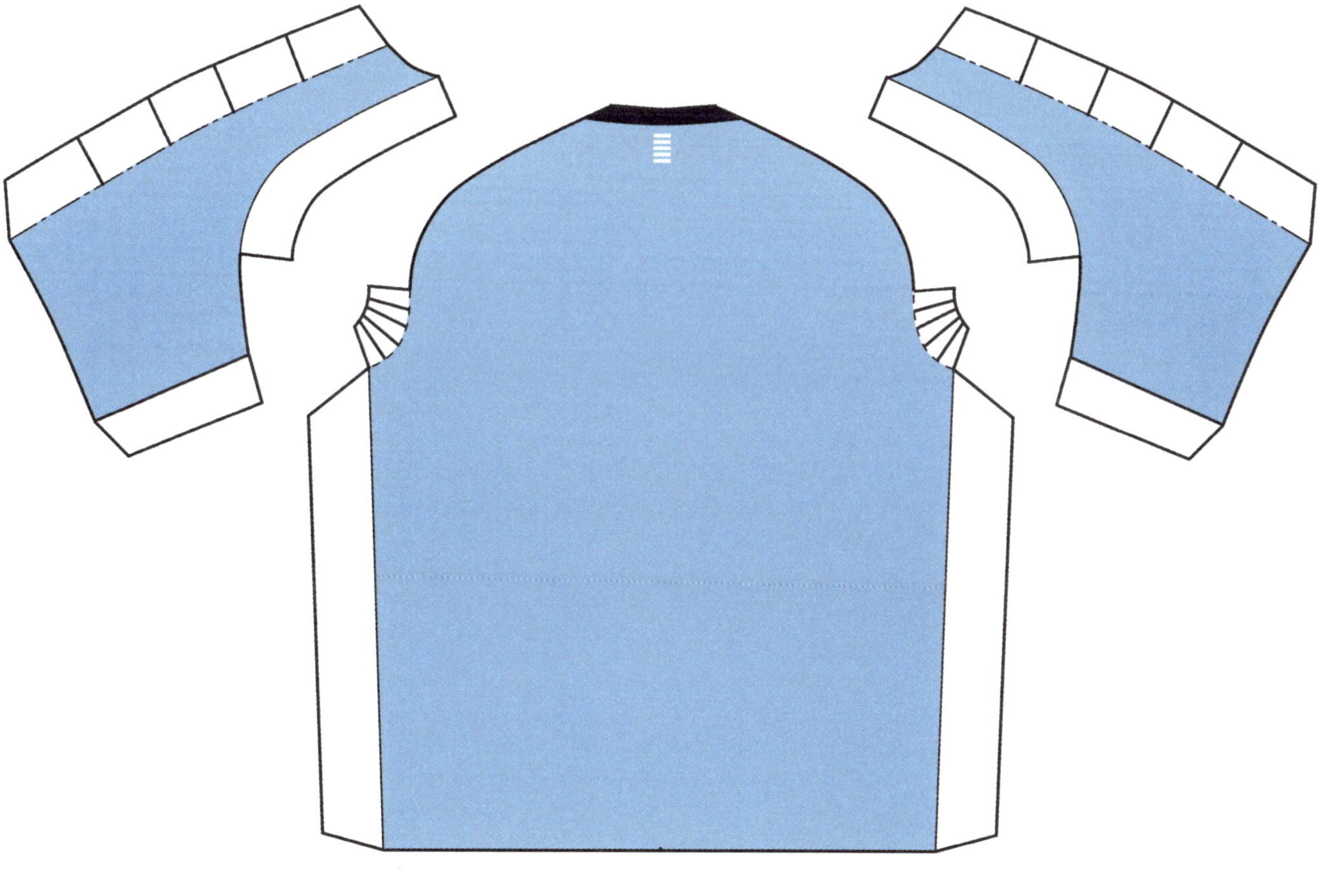

A组

乌拉圭队

球衣赞助商

本球衣效果图仅作为参考，实际款式以世界杯官方发布为准。

剪开线

结构线

谷折线

山折线

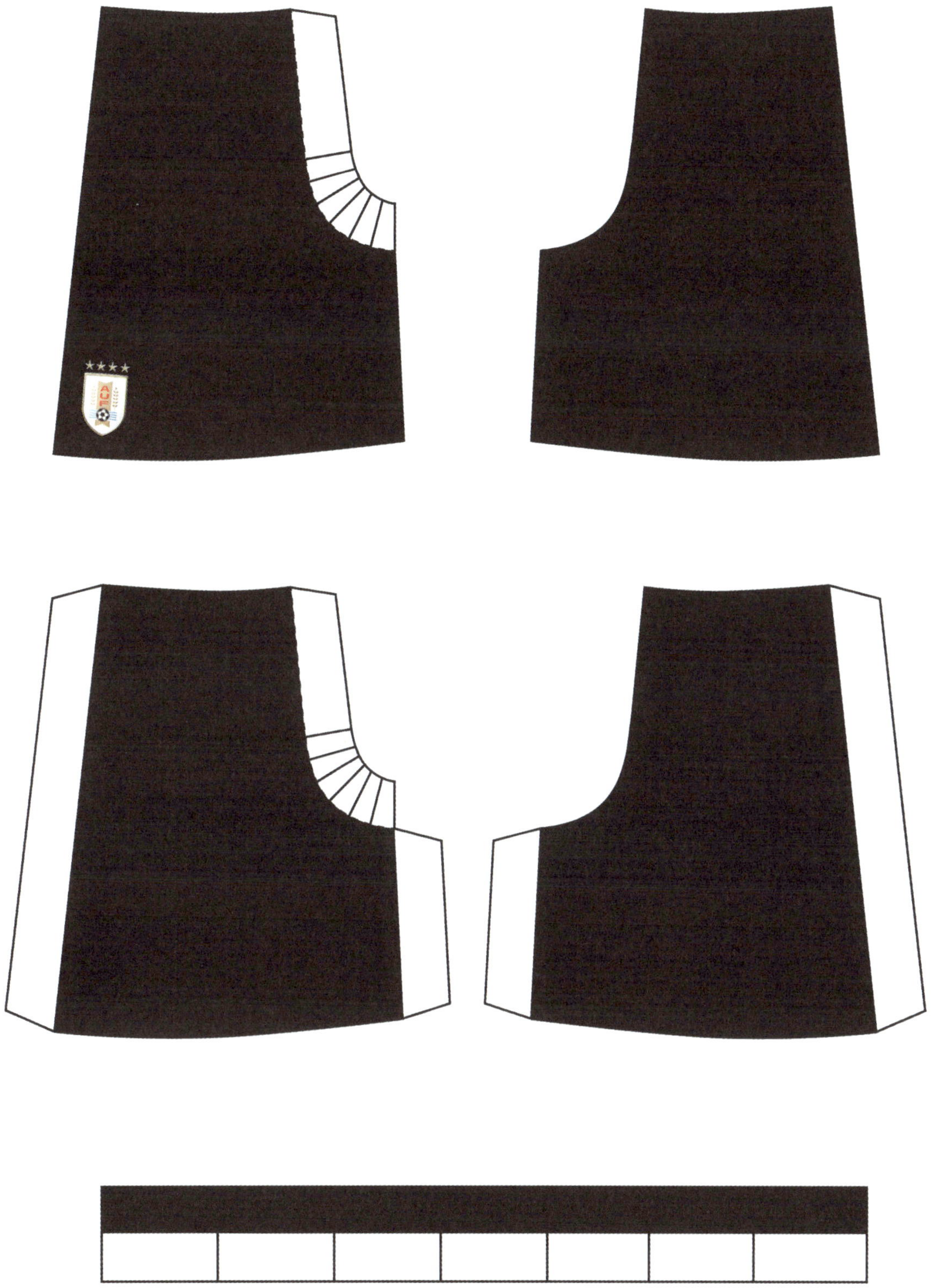

乌拉圭队

球衣赞助商

本球衣效果图仅作为参考，实际款式以世界杯官方发布为准。

剪开线

结构线

谷折线

山折线

H 组

哥伦比亚队

球衣赞助商 adidas

本球衣效果图仅作为参考，实际款式以世界杯官方发布为准。

剪开线

结构线

谷折线

山折线

哥伦比亚队

球衣赞助商 adidas

本球衣效果图仅作为参考，实际款式以世界杯官方发布为准。

剪开线
结构线
谷折线
山折线

C组

秘鲁队

球衣赞助商

umbro

剪开线

结构线

谷折线

山折线

本球衣效果图仅作为参考，实际款式以世界杯官方发布为准。

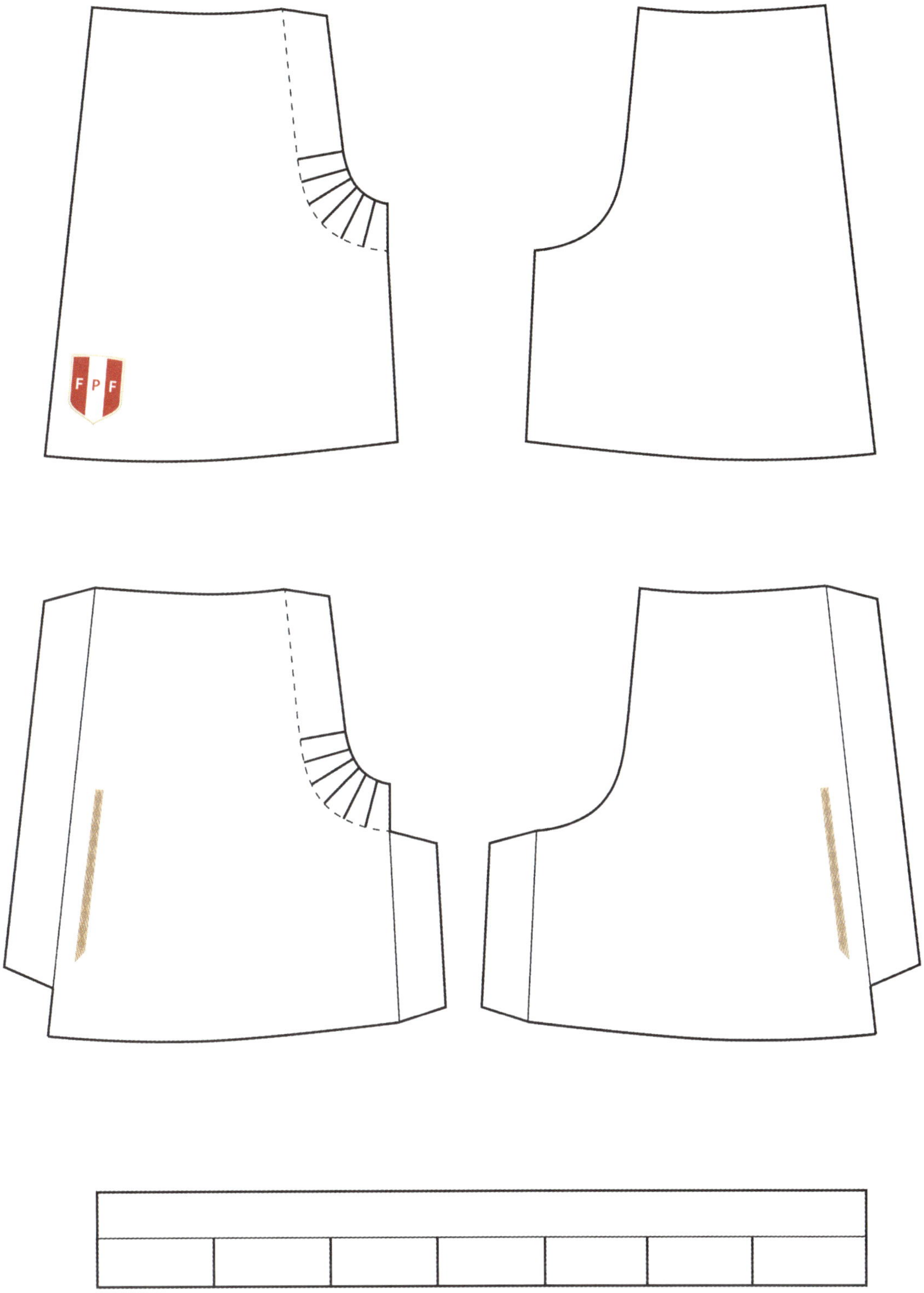

秘鲁队

球衣赞助商

本球衣效果图仅作为参考，实际款式以世界杯官方发布为准。

剪开线

结构线

谷折线

山折线

中北美及加勒比地区

F组

墨西哥队

球衣赞助商

本球衣效果图仅作为参考，实际款式以世界杯官方发布为准。

剪开线

结构线

谷折线

山折线

墨西哥队

球衣赞助商

本球衣效果图仅作为参考，实际款式以世界杯官方发布为准。

剪开线

结构线

谷折线

山折线

E组

哥斯达黎加队 球衣赞助商

本球衣效果图仅作为参考，实际款式以世界杯官方发布为准。

剪开线
结构线
谷折线
山折线

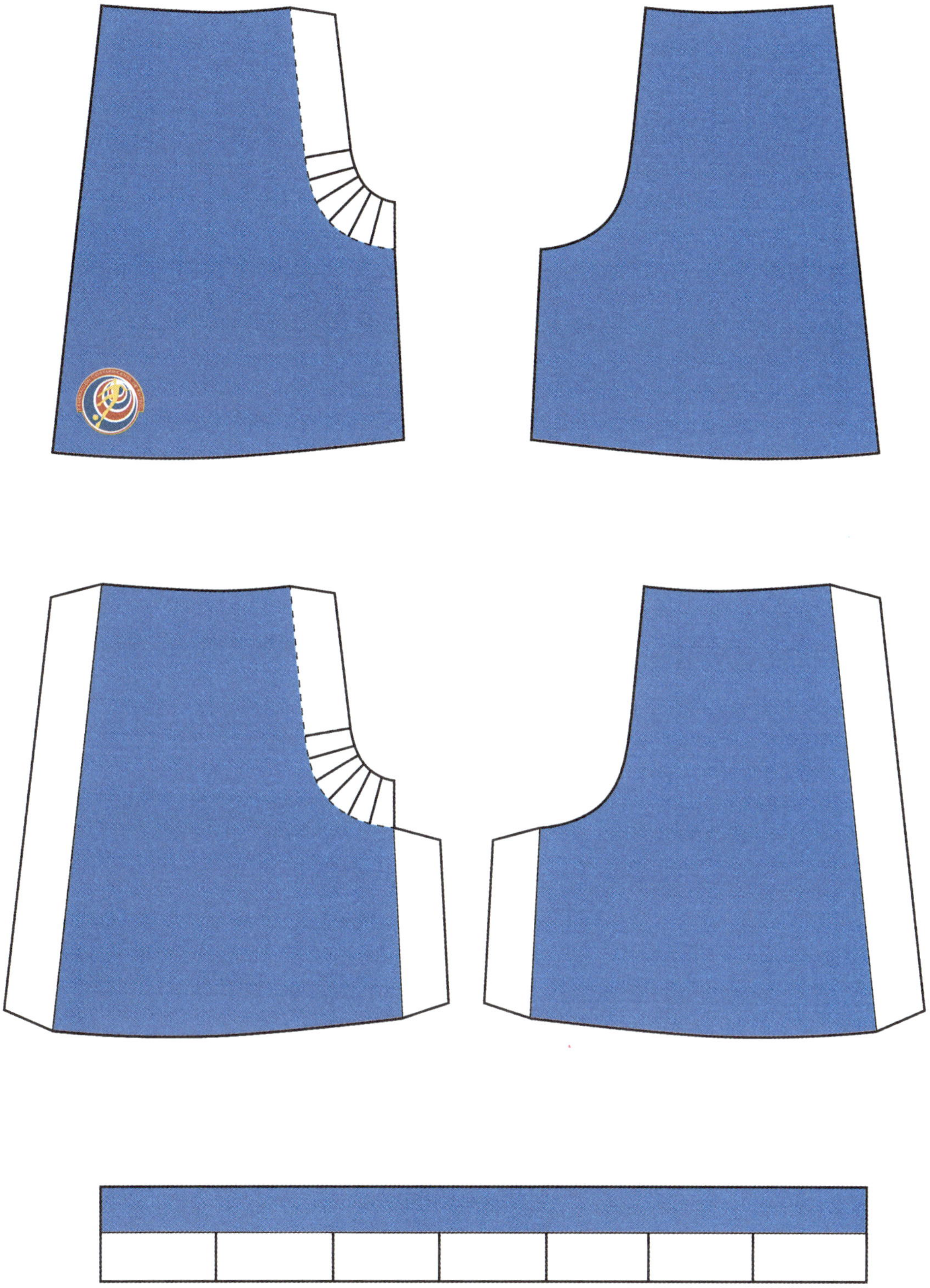

哥斯达黎加队 **球衣赞助商**

本球衣效果图仅作为参考，实际款式以世界杯官方发布为准。

剪开线
结构线
谷折线
山折线

G组

巴拿马队

球衣赞助商

本球衣效果图仅作为参考，实际款式以世界杯官方发布为准。

剪开线

结构线

谷折线

山折线

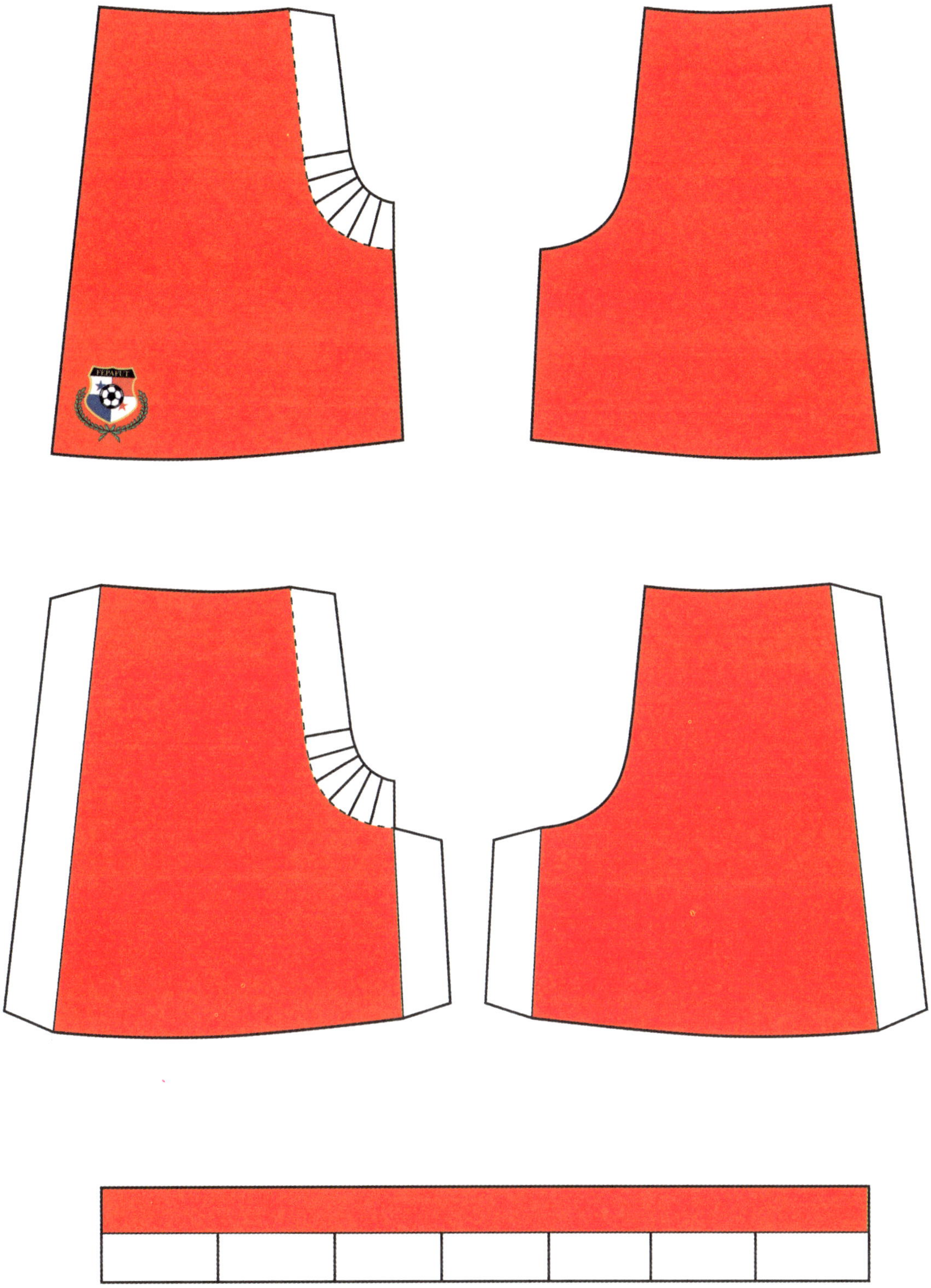

巴拿马队

球衣赞助商

本球衣效果图仅作为参考，实际款式以世界杯官方发布为准。

剪开线

结构线

谷折线

山折线

亚洲区

B组

伊朗队

球衣赞助商 uhlsport

本球衣效果图仅作为参考，实际款式以世界杯官方发布为准。

剪开线

结构线

谷折线

山折线

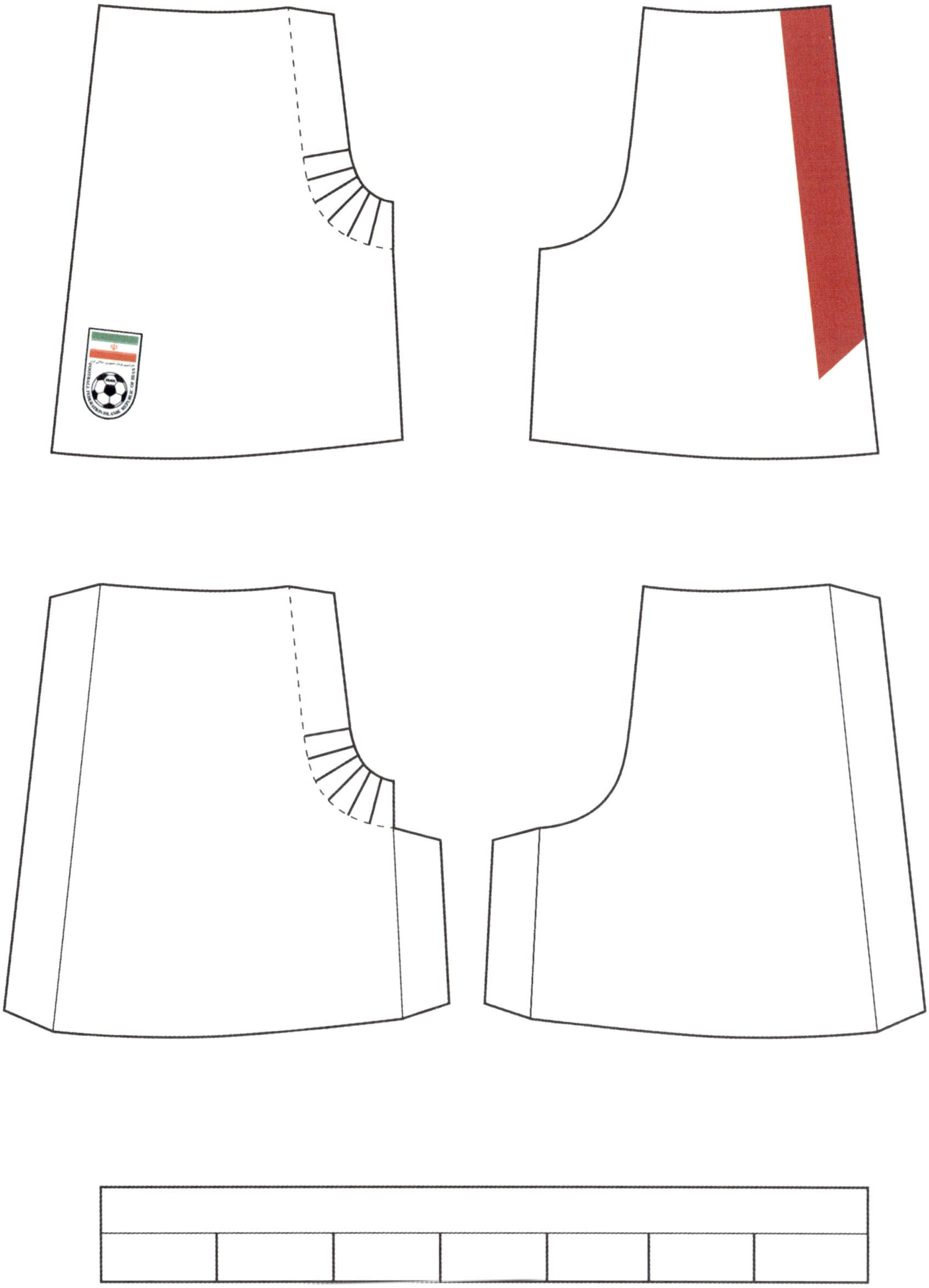

伊朗队

球衣赞助商 uhlsport

本球衣效果图仅作为参考，实际款式以世界杯官方发布为准。

剪开线

结构线

谷折线

山折线

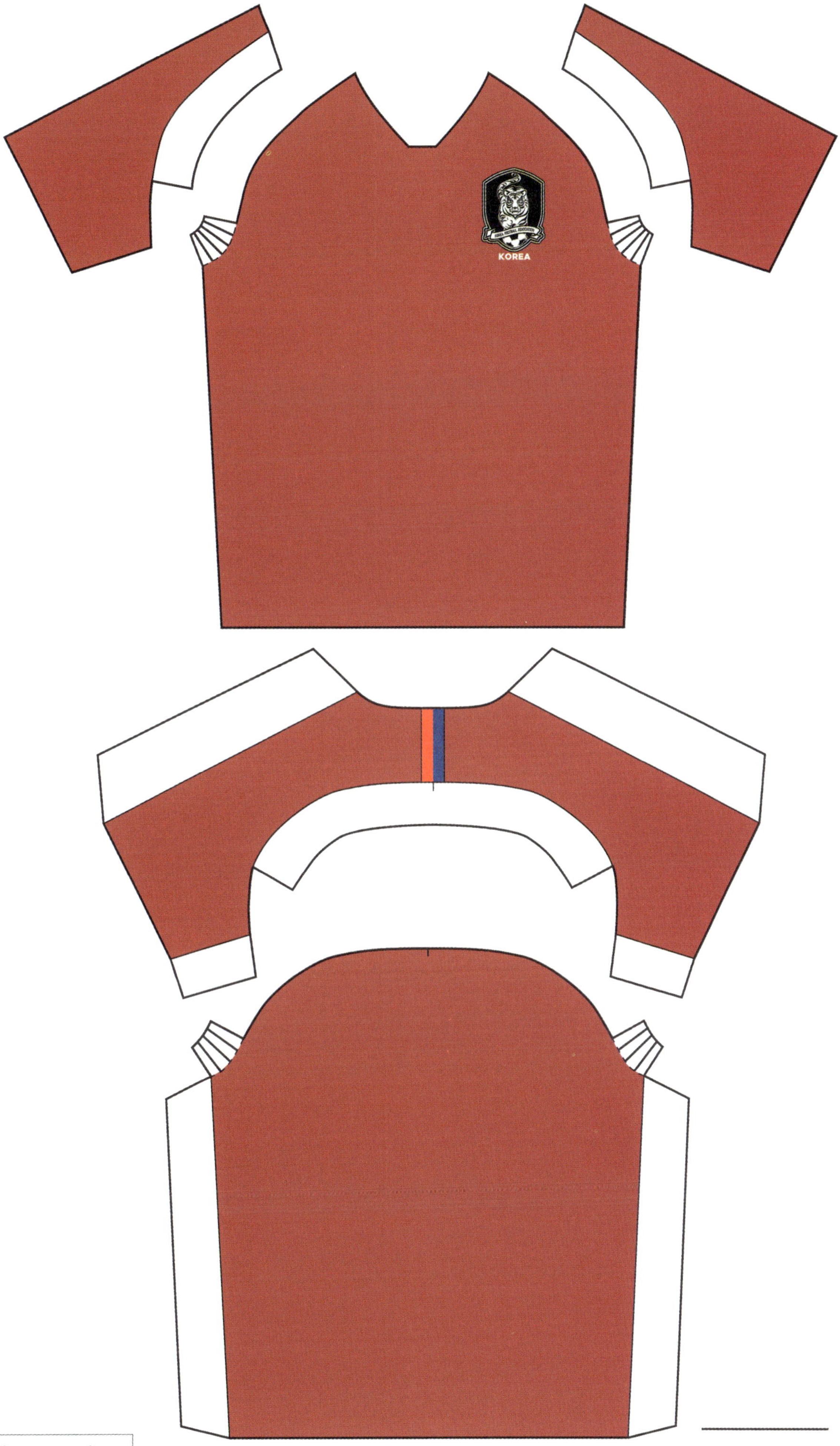

F组

韩国队

球衣赞助商

剪开线

结构线

谷折线

山折线

本球衣效果图仅作为参考，实际款式以世界杯官方发布为准。

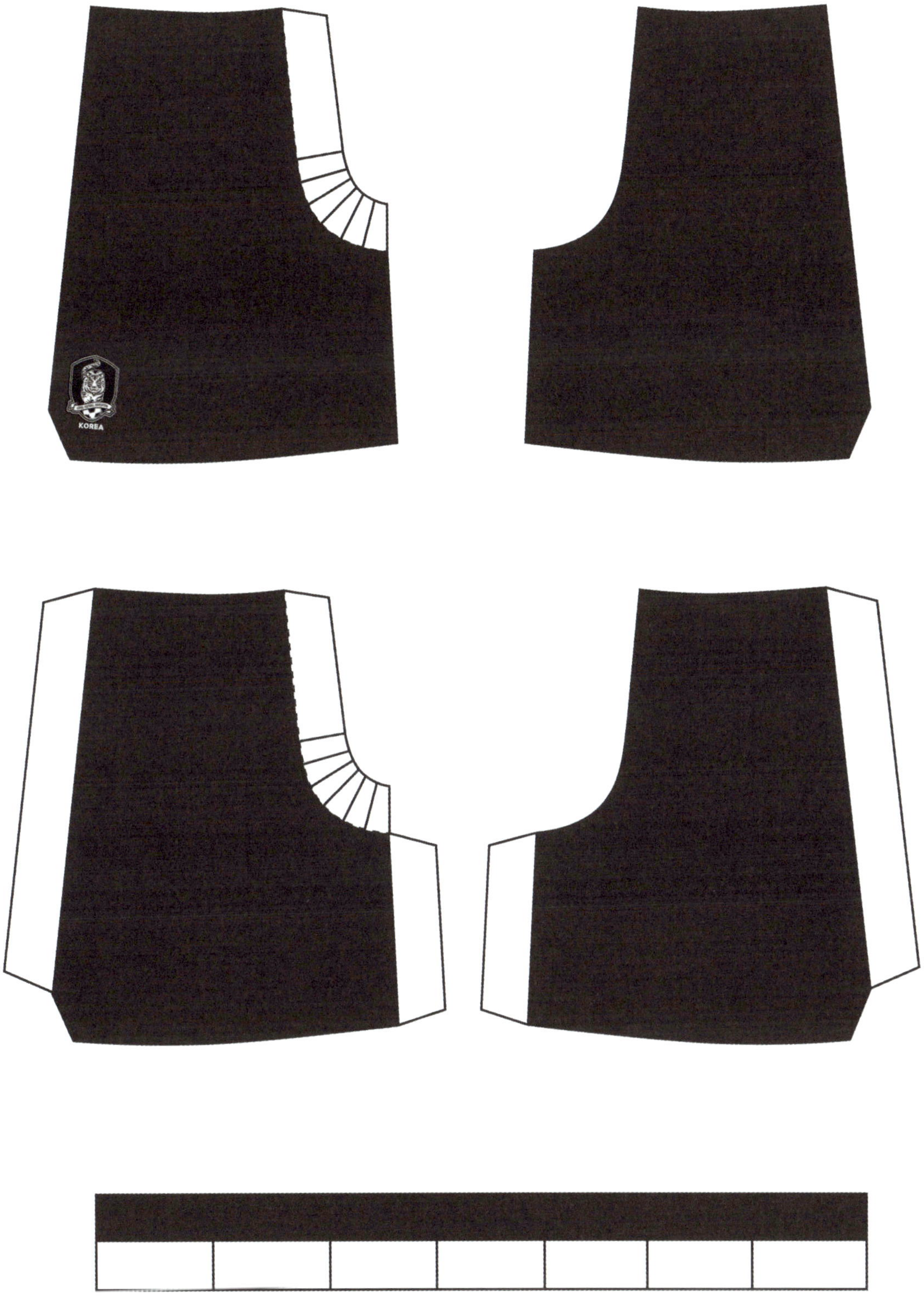

韩国队

球衣赞助商

本球衣效果图仅作为参考，实际款式以世界杯官方发布为准。

剪开线
结构线
谷折线
山折线

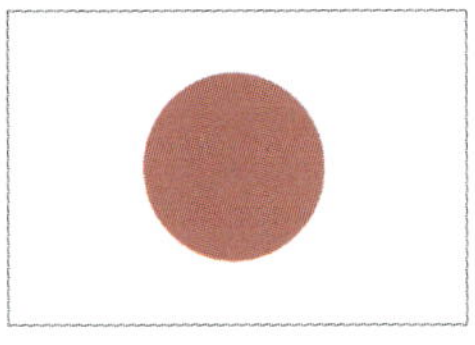

H 组

日本队

球衣赞助商 adidas

本球衣效果图仅作为参考，实际款式以世界杯官方发布为准。

剪开线
结构线
谷折线
山折线

日本队

球衣赞助商 adidas

本球衣效果图仅作为参考，实际款式以世界杯官方发布为准。

剪开线
结构线
谷折线
山折线

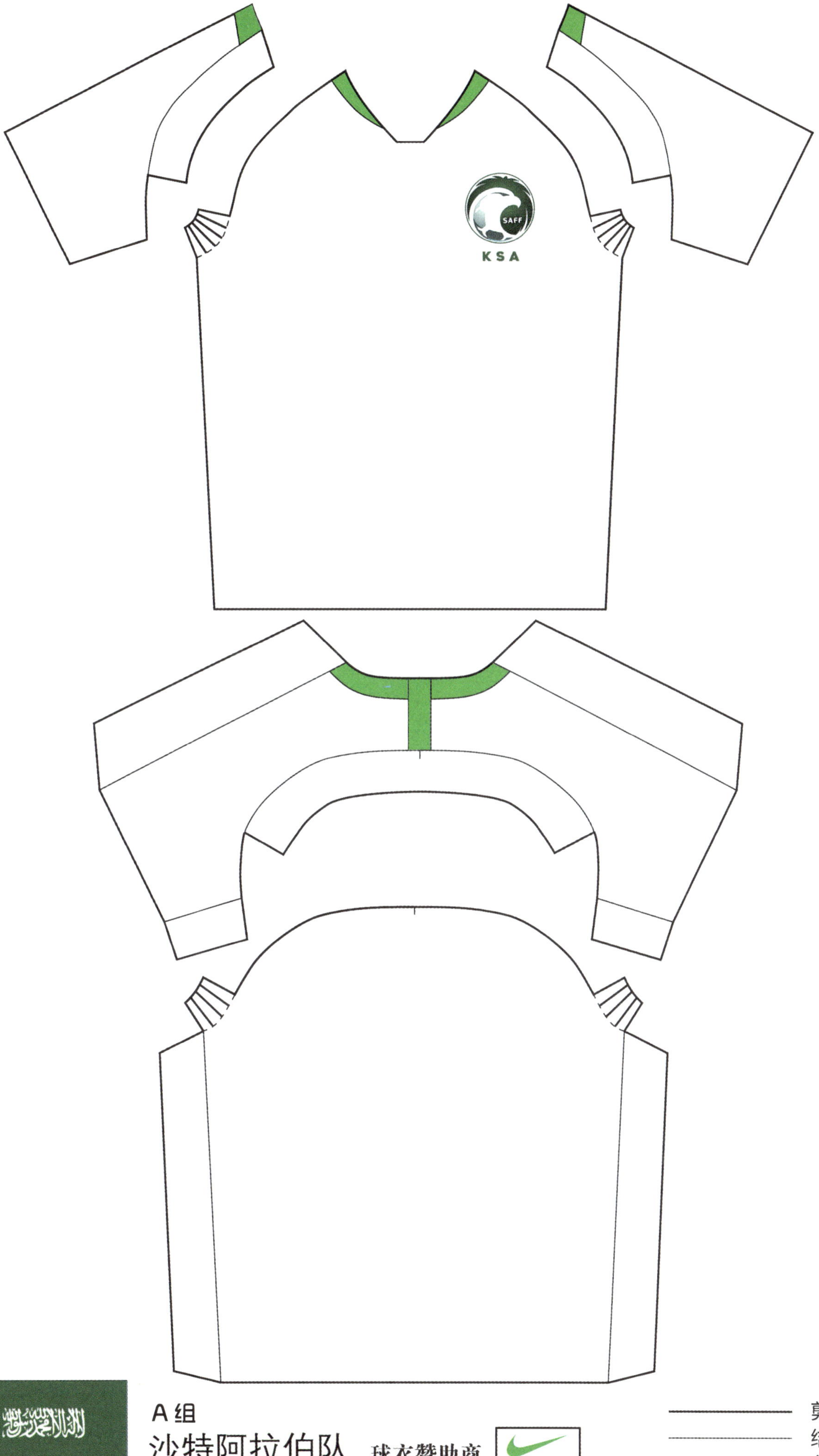

A 组

沙特阿拉伯队 **球衣赞助商**

本球衣效果图仅作为参考，实际款式以世界杯官方发布为准。

剪开线
结构线
谷折线
山折线

沙特阿拉伯队 **球衣赞助商**

本球衣效果图仅作为参考，实际款式以世界杯官方发布为准。

剪开线

结构线

谷折线

山折线

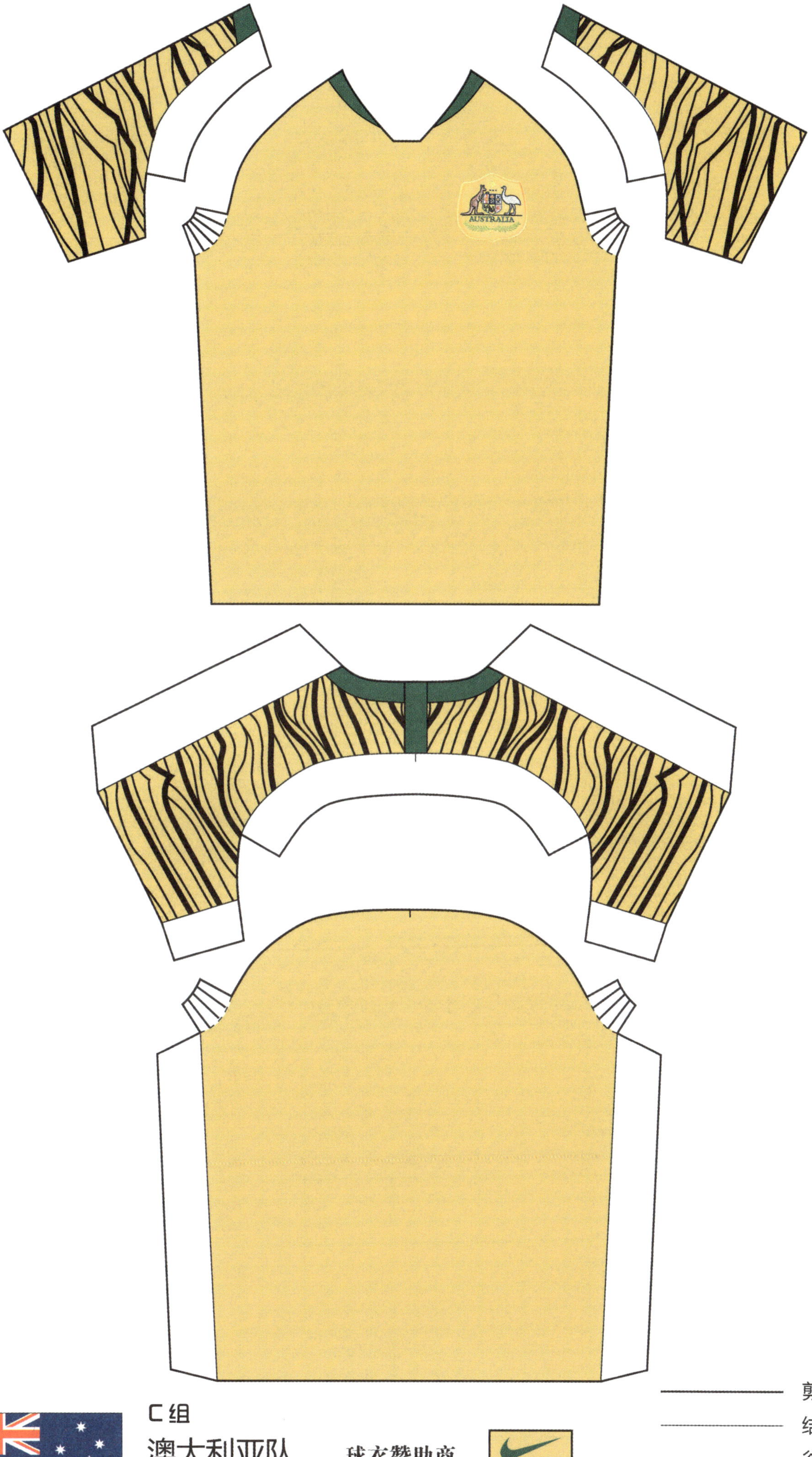

剪开线
结构线
谷折线
山折线

C组

澳大利亚队

球衣赞助商

本球衣效果图仅作为参考，实际款式以世界杯官方发布为准。

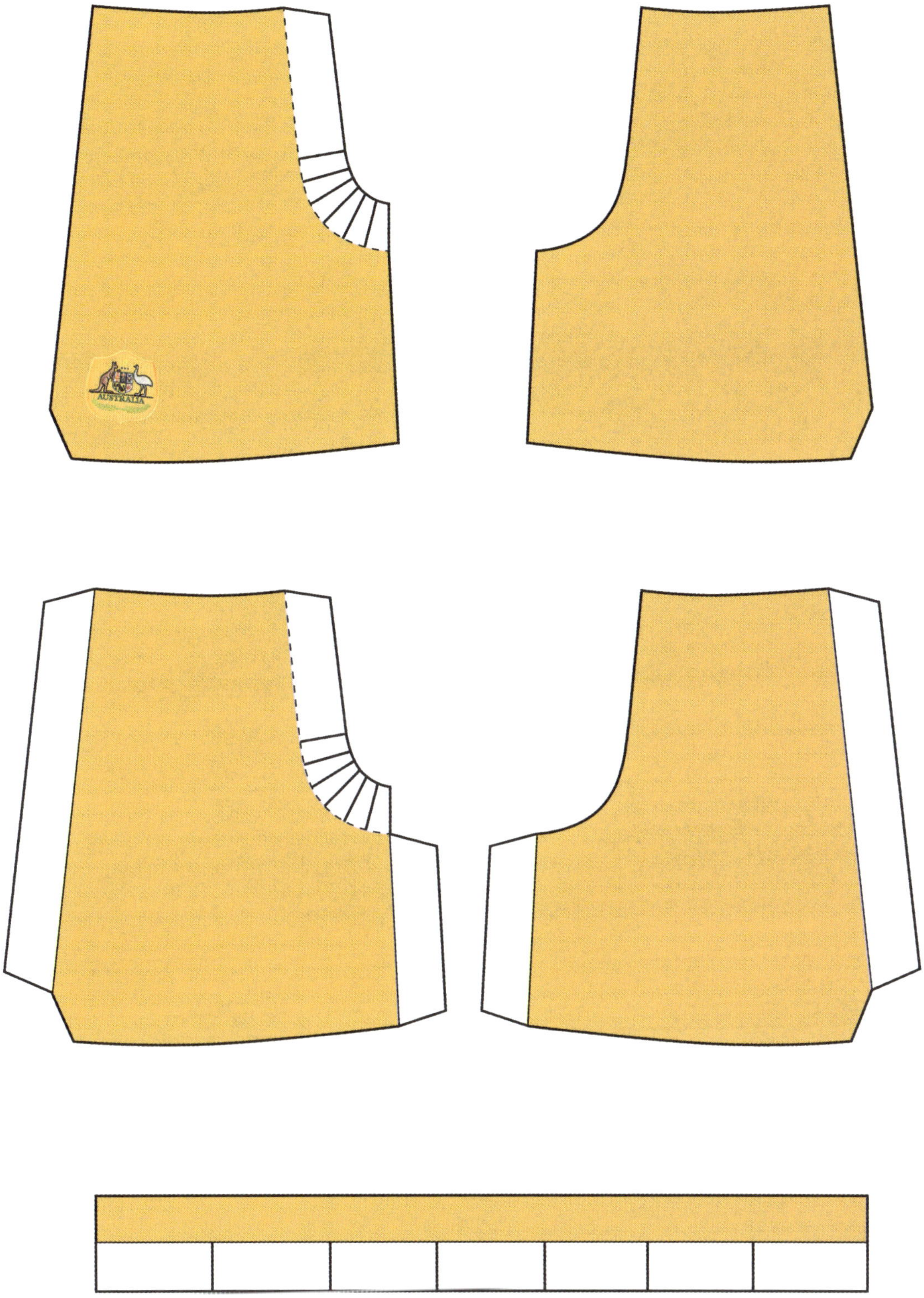

剪开线
结构线
谷折线
山折线

澳大利亚队

球衣赞助商

本球衣效果图仅作为参考，实际款式以世界杯官方发布为准。

非洲区

D组

尼日利亚队　**球衣赞助商**

本球衣效果图仅作为参考，实际款式以世界杯官方发布为准。

剪开线

结构线

谷折线

山折线

尼日利亚队

球衣赞助商

本球衣效果图仅作为参考，实际款式以世界杯官方发布为准。

剪开线

结构线

谷折线

山折线

A 组

埃及队

球衣赞助商 adidas

本球衣效果图仅作为参考，实际款式以世界杯官方发布为准。

剪开线

结构线

谷折线

山折线

埃及队

球衣赞助商

本球衣效果图仅作为参考，实际款式以世界杯官方发布为准。

剪开线

结构线

谷折线

山折线

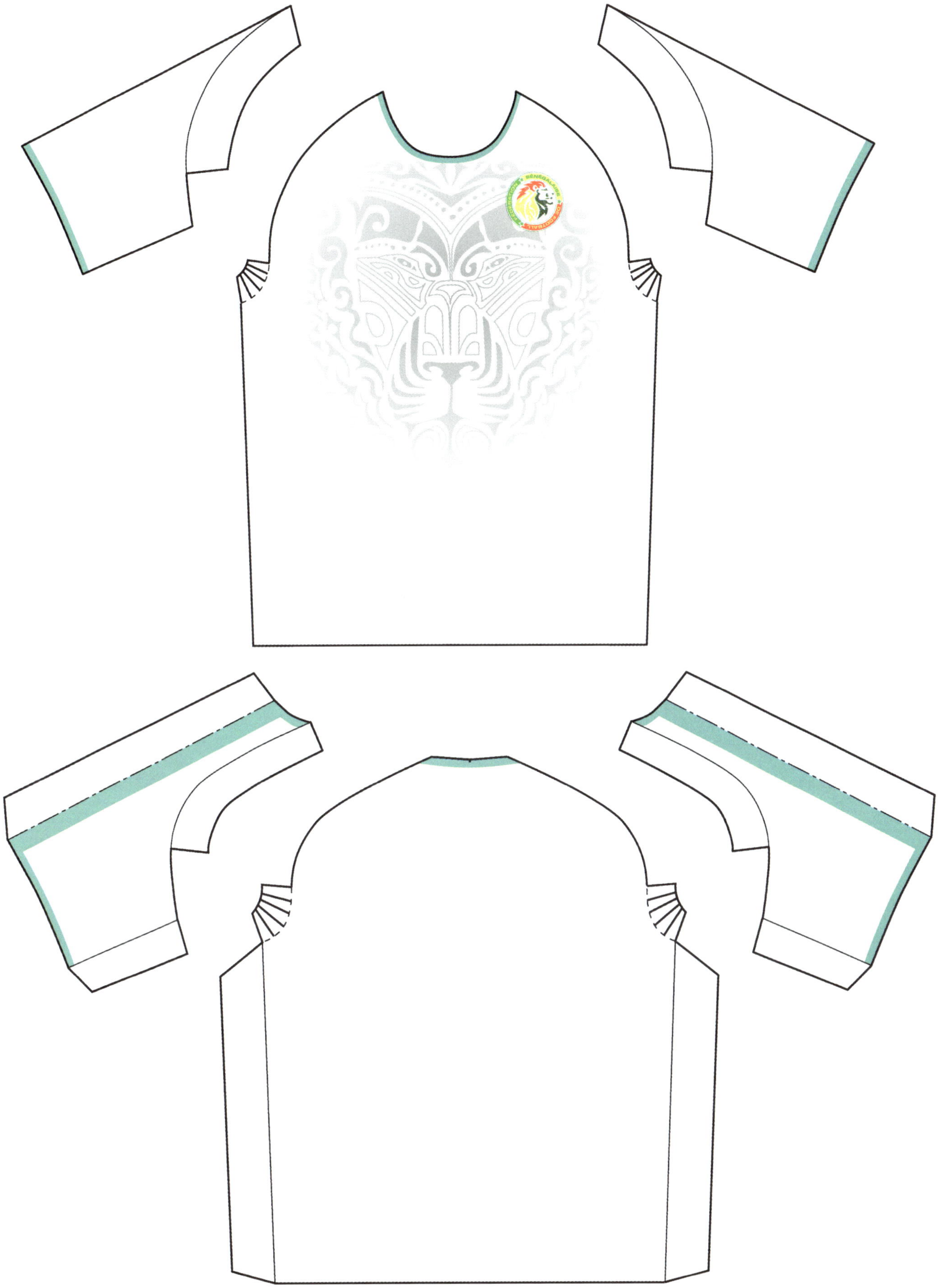

H 组

塞内加尔队

球衣赞助商

本球衣效果图仅作为参考，实际款式以世界杯官方发布为准。

剪开线

结构线

谷折线

山折线

塞内加尔队　**球衣赞助商**

本球衣效果图仅作为参考，实际款式以世界杯官方发布为准。

剪开线
结构线
谷折线
山折线

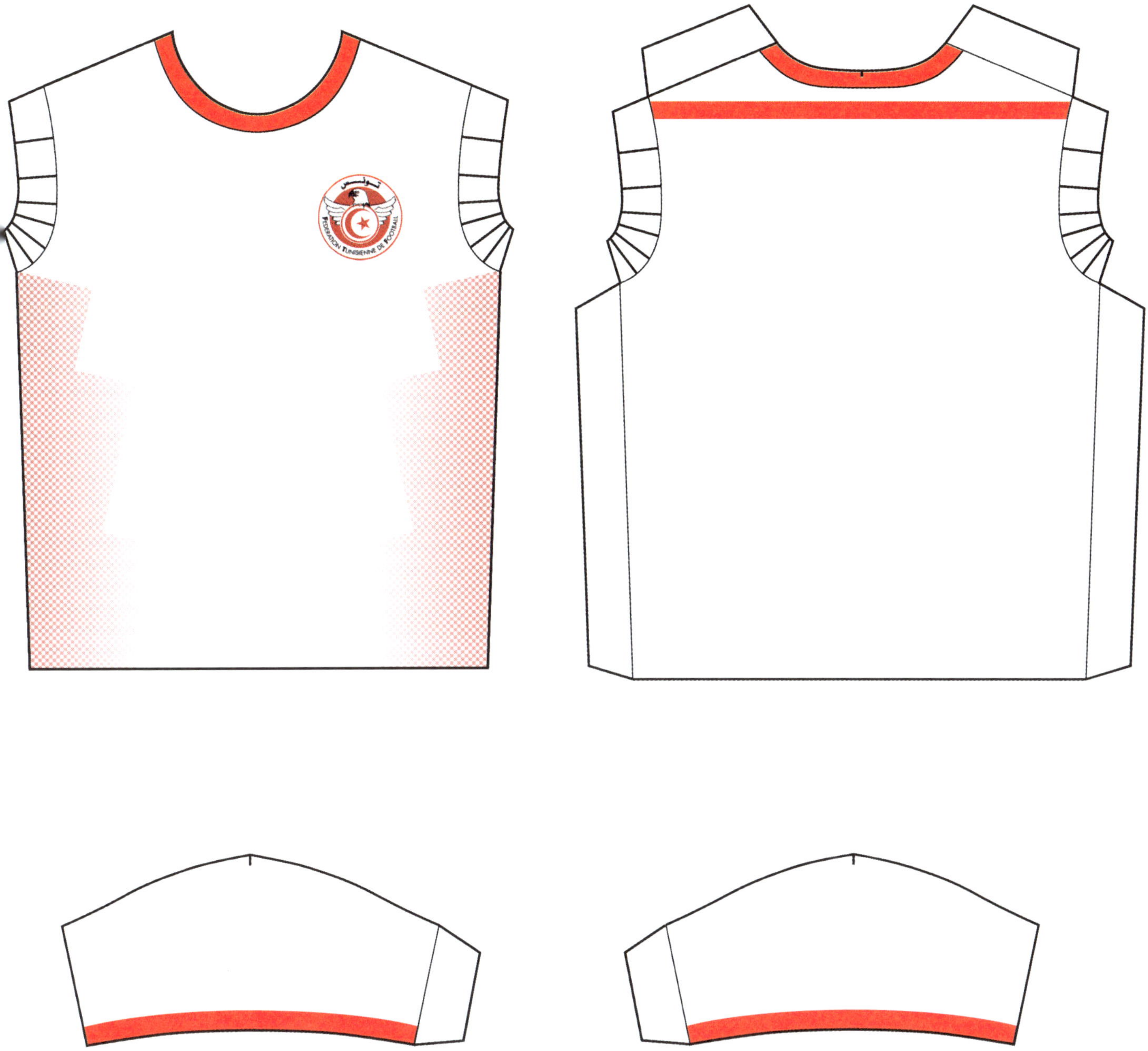

G 组

突尼斯队

球衣赞助商 uhlsport

本球衣效果图仅作为参考，实际款式以世界杯官方发布为准。

剪开线

结构线

谷折线

山折线

突尼斯队

球衣赞助商 uhlsport

本球衣效果图仅作为参考，实际款式以世界杯官方发布为准。

剪开线

结构线

谷折线

山折线

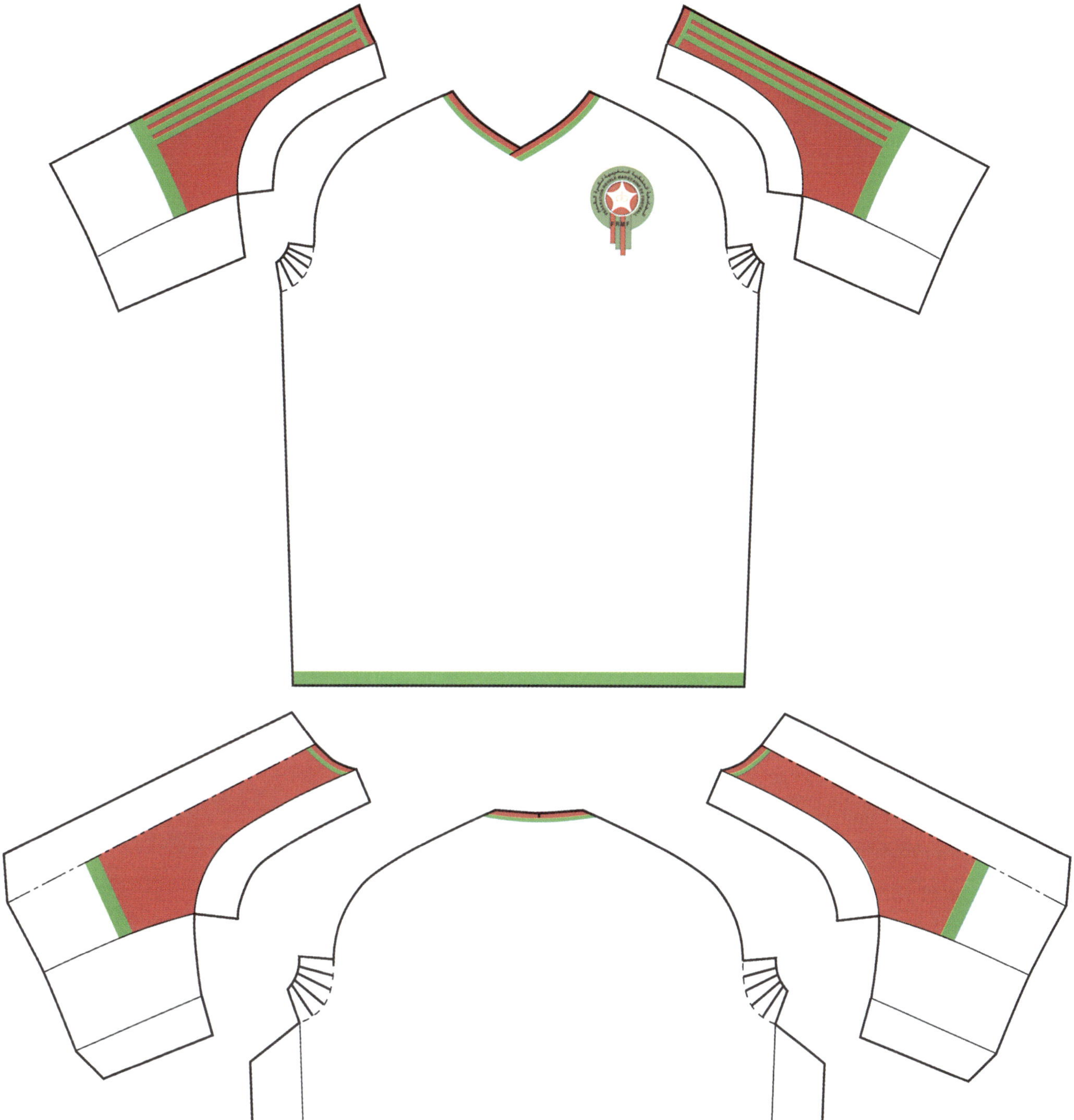

B组

摩洛哥队

球衣赞助商

本球衣效果图仅作为参考，实际款式以世界杯官方发布为准。

剪开线

结构线

谷折线

山折线

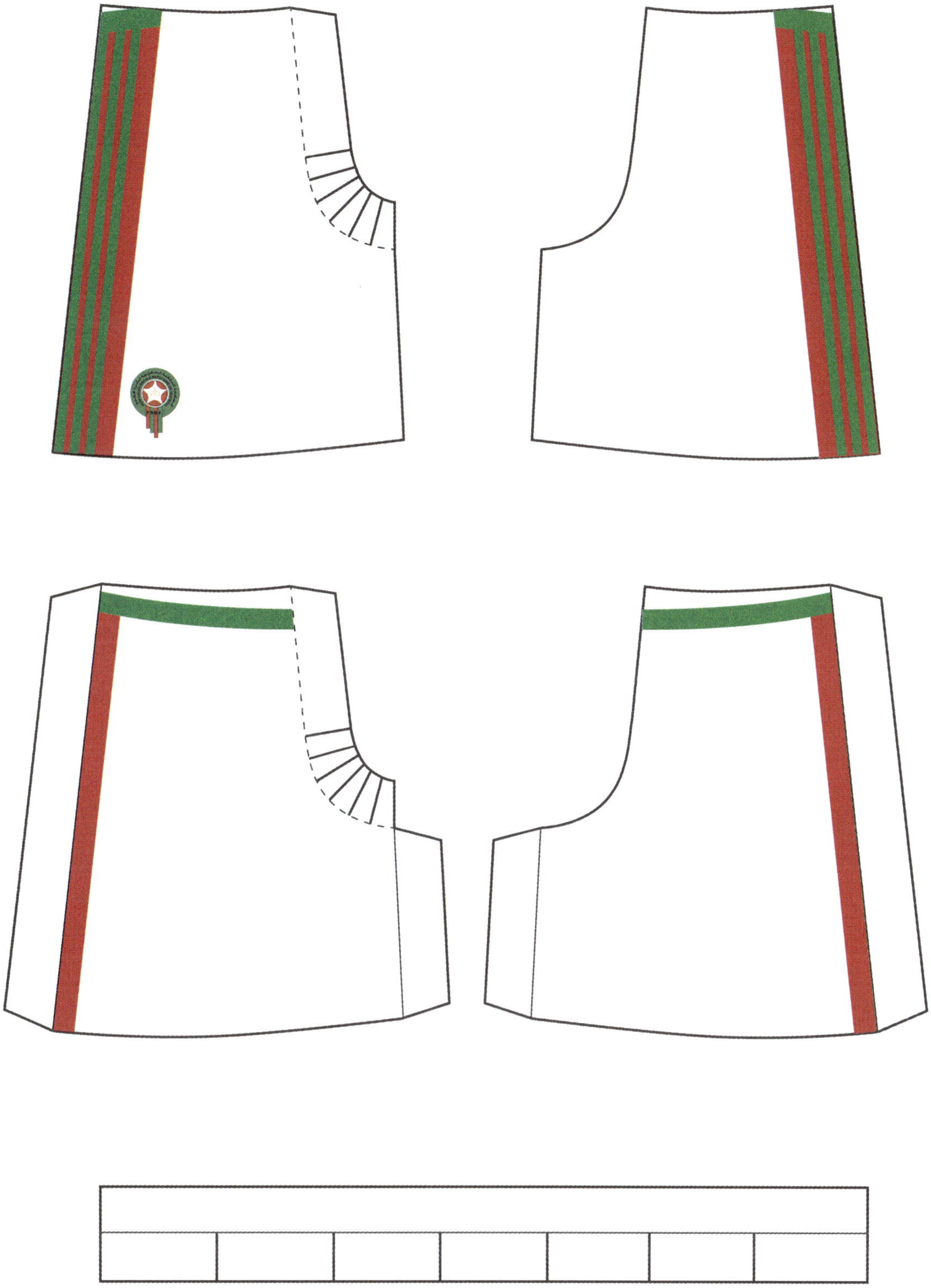

摩洛哥队

球衣赞助商

本球衣效果图仅作为参考，实际款式以世界杯官方发布为准。

剪开线

结构线

谷折线

山折线